*Dedico este libro a mi madre, Mariló Casals,
ella fue quien me enseñó esta lectura. Ella me mostró
el camino del tarot y me enseñó que podemos
conseguir nuestros sueños.*

*A mi padre, José M.ª Tort, que me enseñó el valor
del esfuerzo y del trabajo. Siempre estuvo a mi lado,
me cuidó y fue un ejemplo de emprendedor.*

*A mis abuelos, especialmente a mi abuela Agustina Fau,
ella me crio y me enseñó a ver la vida con buenos ojos.*

*A mis hermanos, Xavi, Joan, Eli y Héctor, con los que he
compartido experiencias únicas e inolvidables.*

*A mis hijos Gisela, Mireia, Jofre y Aina, que siempre
han sido el motor y la alegría de mi vida.*

A Juan Carlos, mi gran compañero y gran amor.

A mi nieto Kai, que me ha convertido en abuela.

*A l'Escola Mariló Casals, que me ha permitido
desarrollar y dedicarme a la profesión más mágica
del mundo, el tarot.*

*A todos mis alumnos, que me inspiran cada día,
que me enseñan, me retan y hacen que enseñar tarot
sea tan especial.*

*A todos mis seguidores de las redes, que me acompañan
y me motivan para seguir compartiendo.*

*A Ediciones Obelisco y todo su equipo, porque gracias
a ellos, hoy tienes este libro entre tus manos.*

Gracias al tarot por todo lo que nos da y nos enseña.

Gracias a la vida.

ESCUELA MARILÓ CASALS
Maria del Mar Tort i Casals

El arte de interpretar el Tarot

La lectura de las 22 cartas

EDICIONES OBELISCO

Si este libro le ha interesado y desea que le mantengamos informado
de nuestras publicaciones, escríbanos indicándonos qué temas son de su interés
(Astrología, Autoayuda, Ciencias Ocultas, Artes Marciales, Naturismo, Espiritualidad, Tradición…)
y gustosamente le complaceremos.

Puede consultar nuestro catálogo en www.edicionesobelisco.com

Colección Cartomancia y Tarot
El arte de interpretar el Tarot
Escuela Mariló Casals / Maria del Mar Tort i Casals

1.ª edición: abril de 2023

Maquetación: *Isabel Estrada*
Corrección: *Sara Moreno*
Diseño de cubierta: *Carol Briceño*

© 2023, Maria del Mar Tort i Casals
(Reservados todos los derechos)
© 2023, Ediciones Obelisco, S. L.
(Reservados los derechos para la presente edición)

Edita: Ediciones Obelisco, S. L.
Collita, 23-25. Pol. Ind. Molí de la Bastida
08191 Rubí - Barcelona - España
Tel. 93 309 85 25
E-mail: info@edicionesobelisco.com

ISBN: 978-84-9111-982-1
DL B 4804-2023

Impreso en Gràfiques Martí Berrio, S. L.
c/ Llobateres, 16-18, Tallers 7 - Nau 10. Polígono Industrial Santiga.
08210 - Barberà del Vallès - Barcelona

Printed in Spain

Bienvenida / Introducción

Tienes en tus manos un libro que te va a explicar una de las lecturas más completas de tarot. Una lectura en la que utilizarás todos los arcanos mayores y de la que podrás sacar mucha información de manera muy fácil.

Con solo 4 técnicas podrás profundizar en cada una de las lecturas. Podrás ver cómo las lecturas van cobrando vida y a medida que vas interpretando vas descubriendo cosas nuevas. Es una lectura con método, en la que las sensaciones nos dan mucha información a la vez que nos ayuda a conectar con nuestra intuición haciendo que cada lectura sea un mundo.

En este libro encontrarás 27 lecturas explicadas paso a paso, ordenadas en tres grandes grupos. Tarot predictivo y psicológico, tarot evolutivo y espiritual y tarot social. Encontrarás temas clásicos y otros temas novedosos que no hallarás en otros libros de tarot.

- Tarot psicológico y predictivo: Trabajo teniendo en cuenta si trabajas por cuenta propia o ajena; amor; sexo; homosexualidad; compra, venta y reforma de inmuebles; dinero; salud.
- Tarot evolutivo, espiritual y kármico: Karma, evolución espiritual, mensajes del más allá, fenómenos paranormales, cuál es tu don y magias.
- Tarot social: Evolución de un país, elecciones y eventos deportivos.

No solamente encontrarás las lecturas, sino teoría de cada uno de los temas y combinaciones que te ayudarán a tener una visión más amplia del tarot y de temas nuevos. Temas que igual te habían preguntado pero que no sabías bien cómo enfocarlos.

Para leer este libro te invito a hacerlo con calma y tranquilidad, no quieras correr. Te recomiendo que empieces por las técnicas y después vayas profundizando en cada uno de los capítulos. Una vez que hayas leído un capítulo, te aconsejo que hagas una lectura con tus cartas y que la escribas. Esto te ayudará a ir integrando las 4 técnicas y cada uno de los temas. Cuando termines tendrás tu propio cuaderno de lecturas y ya estarás listo para poder practicarla.

Deseo que disfrutes de cada una de las lecturas tanto como yo he disfrutado preparándolas.

Lectura Mariló
o de los 22 arcanos

ϵϵ

La lectura Mariló o de los 22 arcanos tiene un método claro que nos da seguridad a la hora de interpretar, pero que a la vez es muy intuitiva. Es abierta, no parte de unas posiciones específicas y esto le permite adaptarse a cualquier tipo de consulta. Nos sirve como lectura general y también para cualquier pregunta concreta.

Es muy versátil, podemos utilizarla para preguntas simples, en las que nos permitirá responder al tema concreto teniendo una buena visión general. Podremos realizar lecturas profundas y complejas. Va cobrando vida a medida que vamos adentrándonos en ella. Podemos responder en 5 minutos o podemos ir sacando información y estar 2 horas profundizando en un tema.

Debido a sus grandes posibilidades, es con esta lectura con la que yo he hecho todas mis investigaciones y estudios que he enseñado en mis clases, conferencias, etc. Permite trabajar con los distintos enfoques del tarot: predictivo, psicológico, evolutivo, kármico, espiritual, social… Es la que yo utilizo en mis consultas de tarot.

Es una lectura simple y compleja a la vez. Simple por su método claro y compleja porque según nosotros deseemos o necesitemos, podemos ir entrando y ampliando el método. Podemos responder una pregunta de Sí y No o podemos mirar nuestra misión de vida.

Como su nombre indica, en esta lectura utilizamos y colocamos los 22 arcanos, por lo que es muy visual y muy intuitiva. Nos ayuda a potenciar nuestra intuición y a entrenar la mirada intuitiva, que es aquella que nos lleva a fijarnos en una información que puede ser relevante en la pregunta.

Al utilizar todos los arcanos mayores, siempre tendremos una carta u otra que nos proporcionará información, esto nos dará la tranquilidad que siempre podremos dar alguna respuesta a nuestro cliente.

Las claves metodológicas de esta lectura son la codificación de las cartas relacionadas directamente con la pregunta –por ejemplo, si una mujer me pregunta por su trabajo, las cartas clave serán la Emperatriz (mi consultante) y el Mago (trabajo)– y las técnicas, observación de las cartas que rodean a cada una de las cartas clave. Al tener que codificar, esta lectura nos obliga a concretar bien la pregunta para poder codificar bien, esto a la larga nos favorece porque nos ayuda a concretar y ordenar incluso las preguntas más complejas.

Esta lectura, con los 22 arcanos, es un mapa de todas las posibilidades que tenemos delante cuando hacemos una interpretación. Nos permite ver las oportunidades y ayudar a potenciarlas y nos permite advertir de las dificultades y buscar salidas.

Deseo que esta lectura te cautive y te ayude a fluir en el arte de la interpretación del tarot.

Origen de la lectura Mariló o de las 22 cartas

Desconozco su origen. Era la lectura que mi madre, Mariló Casals, utilizaba. En sus consultas, ella empezaba con una lectura de la cruz celta con tres cartas en cada posición, ésta era su lectura general. Después, para profundizar en los temas concretos, utilizaba esta lectura de las 22 cartas. Trabajaba sólo con el tarot de Marsella.

La llamaba «lectura 7.14.21» por la disposición de las cartas, que colocaba en tres hileras de siete. Cuando nos dejó, en el año 2009, decidimos cambiarle el nombre y le pusimos «lectura Mariló» a modo de homenaje y agradecimiento por todos los conocimientos que nos dejó en los cuarenta años de carrera como tarotista y porque era la lectura «estrella» de la Escola.

Mi madre, Mariló Casals, era una tarotista de la vieja escuela, hecha a sí misma, muy intuitiva y poco metodológica. En el año 2000 creamos la Escola Mariló Casals, y fue en aquel momento en el que me di cuenta de que una cosa es saber tarot y la otra dar clases de tarot. En aquellos momentos tuve que empezar a buscar un método para poder enseñar. Yo me reunía con mi madre y le decía; «¿Pero tú esto cómo lo has visto?». Y ella siempre me respondía: «No lo sé, le he visto y ya está». Fue en aquellos momentos cuando empecé a estudiar, profundizar y practicar en busca de un método que me diese más seguridad y que pudiese enseñar.

Aquí, en este libro, podrás encontrar y aprender una lectura que tiene esta parte intuitiva que le aportó Mariló Casals y una parte metodológica que ordené yo.

Encontrarás una visión general que me enseñó mi madre y una visión profunda y específica que he ido investigando, profundizando y especializando en distintas visiones y enfoques del tarot. Encontrarás la experiencia de los cuarenta años de Mariló Casals y los veintidós años de mi investigación.

Está claro que tienes en tus manos un libro en el que comparto el conocimiento y las experiencias de interpretación acumuladas durante muchos años. Conocimiento práctico, no sólo teórico, todo lo que encontrarás está basado en investigaciones y estudios que después he podido poner en práctica y comprobar en las lecturas. Lo que aprendía en las consultas lo sometía a investigación, y las investigaciones las he comprobado en mis lecturas.

Tarot de las Sensaciones

✦✦

Seguro que te habrás preguntado cuál es el tarot que he elegido para mostrar las lecturas de este libro. Es el Tarot de las Sensaciones que publiqué en 2021 con Ediciones Obelisco, junto con M.ª Dolors Villadelprat, que fue la ilustradora.

¿Qué tiene de particular? Es un tarot de Marsella que respeta la simbología básica y los colores del tarot tradicional. Pero está diseñado especialmente para facilitar la interpretación.

Si te has fijado bien, seguro que has visto pequeños detalles que te han llamado la atención. Por ejemplo, las cartas que representan una estación del año tienen una pequeña rosa de los vientos en una esquinita, las cartas kármicas tienen una nubecita en la mano, para que sea fácil reconocer a los personajes verás que tienen un anillo, las hojas nos marcan el ritmo de las circunstancias, etc.

Tiene unos colores suaves y alegres que dan una buena sensación cuando lo observamos. No tiene bordes y nos ayuda a fluir a la hora de combinar una carta con la otra.

Éste es el tarot que utilizo en mis lecturas y en mis clases. Por eso a la hora de escribir este libro decidí hacerlo con el Tarot de las Sensaciones. Entre él y yo hay una implicación y un cariño especial.

Puedes hacer tus lecturas con el tarot con el que tú te sientas cómodo. Eso sí, es preferible que sea un tarot de Marsella, porque los personajes miran hacia un lado u otro y esto nos facilita mucho la interpretación. Si utilizas un tarot Rider Waite Smith, el Sumo Sacerdote, la Sacerdotisa y el Emperador miran al frente, esto nos dificulta un poco la interpretación de las sensaciones.

Espero que disfrutes de esta lectura en compañía de tu tarot favorito.

Teoría y técnicas

Las cuatro técnicas

‹‹‹

$\mathcal{P}$ara poder utilizar esta lectura hay cuatro técnicas que debemos tener en cuenta. Para nosotras, el consultante es fundamental, trabajamos con personas, y el saber cómo están anímica y psicológicamente en el momento en el que vienen a la consulta o respecto al tema que nos están preguntando es muy importante. Por eso, la primera técnica tiene que ver con el análisis de nuestro consultante. Lo primero que tendremos que hacer es buscar en la lectura la carta que representa al consultante, podremos ver la posición y, con las cartas que la rodean, podremos ver cómo está la persona.

La segunda es la «técnica de la carta clave», que nos permitirá, observando la carta codificada y las cartas que la rodean, ver cómo está el tema por el que preguntamos y las tendencias. Si preguntamos por el trabajo, miraríamos las cartas que rodean al Mago.

La tercera es la «técnica de las diagonales», que nos va a permitir ver la evolución y sacar mayor información a partir de la carta clave.

La cuarta es la «técnica de las conclusiones», que está formada por las cartas que están en las cuatro esquinas más las dos del centro. Estas cartas nos darán la conclusión a la pregunta.

Estas cuatro técnicas son las que nos van a permitir profundizar y responder ampliamente a cualquier pregunta que nos hagan. Sea del tema que sea. A continuación te explico el esquema de posición de la lectura y cada una de estas técnicas con detalle y de manera ordenada para que te sea fácil de aprender.

Esquema de posición

Éste es el esquema de posición y de orden de colocación de las cartas en esta lectura. Si te fijas bien, puedes observar que tenemos 3 hileras horizontales de 7 cartas y 7 columnas verticales de 3 cartas.

1.ª Técnica. Técnica del personaje/consultante

Ésta es la primera técnica, quizás la más compleja, la que tiene más matices. También es la más importante, ya que nos habla de la persona que viene a la consulta. Ver cómo está en el momento de la consulta nuestro consultante es fundamental para poderle aconsejar, acompañar y guiar. Por esto, esta primera técnica quizás es la más importante. Empezaremos aprendiendo a saber ver qué carta representa a nuestro consultante. Seguiremos observando en qué punto de la lectura queda situada, esto nos da una información muy útil y muy fácil de poder ver. Y para finalizar, viendo las cartas que rodean a nuestro consultante podremos apreciar cómo está anímica y psicológicamente.

Arcanos que representan a nuestros consultantes

En la lectura, son muy importantes los personajes. Nos van a ayudar mucho en la interpretación. Las cartas que rodean a nuestros personajes nos hablan de cómo están anímica y psicológicamente, además nos permitirán ver cómo se relacionan con los que los rodean. Vamos a explicar la codificación de los personajes.

El Sumo Sacerdote y la Sacerdotisa representan las personas mayores de 70 años. Hasta hace poco mirábamos a estos personajes a partir de los 65 años, pero hemos visto que debíamos ajustar estas edades. Hoy en día a los 65 años todavía las personas están muy activas.

La Emperatriz y el Emperador representan las personas entre 30 y 70 años.

La Estrella y El Carro serán los menores de 30 años. Esta edad también la hemos tenido que retocar, hace 20 años, cuando empecé a dar clases, los mirábamos como los menores de 25 años, pero nos hemos dado cuenta que debíamos adaptarlo.

Cuando llega a nuestra consulta una persona, lo primero que debemos hacer es codificarla (pensar qué carta la representa). Y siguiendo el apartado anterior parece que todo es muy fácil, pero vamos a matizar. A veces sucede que no sabemos muy bien la edad de la persona que tenemos delante y no sabemos si es una Emperatriz o una Estrella. Cuando nos suceda esto, lo que debemos hacer es codificar a nuestra consultante con una carta, y cuando barajemos pensaremos «Esta consultante para mí es la Emperatriz, o la Estrella», aquella que nos parezca que se acerca más a la persona. Es muy importante que cuando barajemos las cartas tengamos clara la carta que le corresponde, porque es clave en la lectura.

Nuestros personajes en una lectura

Los arcanos que rodean a nuestro consultante nos permitirán ver cómo está a nivel general psicológicamente o respecto a un tema concreto. Éste es uno de los puntos más importantes de esta lectura. En función de dónde están las cartas nos hablarán:

- Encima de la cabeza, a nivel mental.
- Delante, en su manera de actuar.
- Debajo, en su base como persona o en su parte instintiva.
- Detrás, nos hablará del arquetipo con el que no conecta.

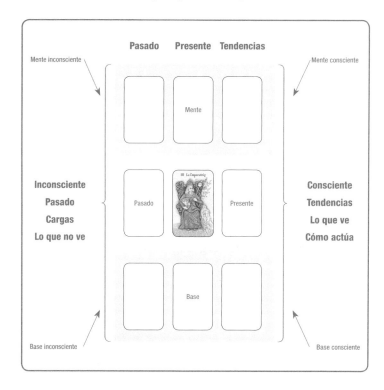

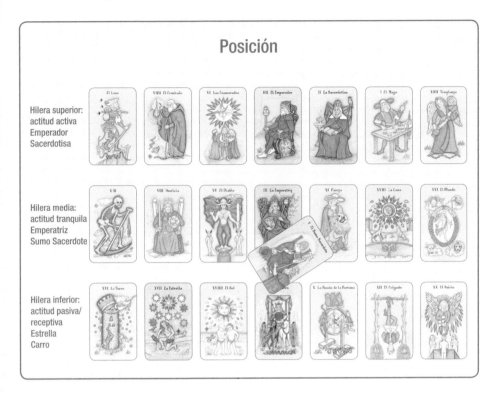

Posición

| | | | | | | | |

Hilera superior: actitud activa · Emperador · Sacerdotisa

Hilera media: actitud tranquila · Emperatriz · Sumo Sacerdote

Hilera inferior: actitud pasiva/receptiva · Estrella · Carro

Lo primero es la codificación de nuestro consultante. Esto es imprescindible. En el momento que entra en nuestra consulta, debemos codificar a la persona que viene con una carta que le representará.

Recordemos: Carro y Estrella menores de 30 años, Emperador y Emperatriz personas entre 30 y 70 años y Sumo Sacerdote y Sacerdotisa mayores de 70 años. La posición en la que se encuentren en la lectura nos dará muchísima información. A continuación, es lo que os vamos a explicar.

- **Hilera superior:** Nuestro consultante tiene una actitud activa, es un año para empezar cosas. Estará enérgico. Tendencia a gastar más energía de la cuenta, exceso de actividad. Desde arriba las cosas se ven más fáciles.
- **Hileria inferior:** Nuestro consultante tendrá una actitud pasiva, es un año para consolidar y mantener, pensar y reflexionar, no tanto para hacer. Tendencia a acomodarse. Desde abajo todo se ve cuesta arriba.
- **Hilera media:** Nuestro consultante tiene la capacidad de autorregular la energía que pone en las cosas. Tendencia a tomarse las cosas con calma, sin prisas pero sin pausas. Y como son ellos mismos quienes se gestionan

la energía, si en algún momento tienen que estar más activos, le ponen más energía; y si en algunos necesitan reflexionar, se ponen más pasivos. Es una hilera cómoda porque ellos tienen la facilidad de autorregularse.

Perspectiva que tiene el consultante de la lectura
(cuánto ve de la lectura)

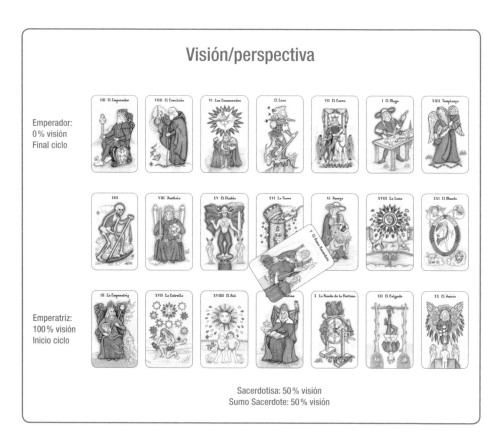

Observando la mirada de la carta que codifica a nuestro consultante, veremos qué tanto por ciento de visibilidad tiene. Cuanto más, mejor.

Buena visibilidad (más del 70 %). Quiere decir que si hay oportunidades podrá verlas y aprovecharlas, y si hay dificultades, también. Nos dice que los *inputs* o información que recibimos del entorno son reales y debemos hacerles caso. Los temas que están en su campo de visión serán los que realmente son importantes para él.

Mala visibilidad (menos del 70 %). No verá las oportunidades y las dejará pasar, las dificultades no las podrá evitar. Y los *inputs* que recibe del entorno no son reales, esto quiere decir que puede que no dé importancia a cosas relevantes y que dé gran importancia a cosas insignificantes.

Por un lado, indica que nuestro consultante tiene unas prioridades que hacen que otras cosas no sean tan importantes y las esté desatendiendo. Lo que está en su campo de visión será lo que más le importe. Y lo que no esté en su campo de visión no le importará o funcionará solo y no requiere su atención.

Tomaremos como correcta una visibilidad del 50 %. Si vemos que ve menos del 50 %, deberemos avisarle de que de vez en cuando debe mirar lo que pasa a su alrededor.

Visibilidad y los ciclos de la vida. Hay otro tema importante en cuanto a la visibilidad. También nos informa en qué parte del ciclo estamos. Hablamos de 7 años porque son los ciclos habituales en personas ya maduras, los jóvenes queman sus etapas en alrededor de 3 años.

La visibilidad del Emperador, la Emperatriz, el Sumo Sacerdote y la Sacerdotisa nos indican los años que le quedan para acabar un ciclo. Y lo que no mira, los que ya ha recorrido. Cada columna representa un año, y en función de la columna en la que se encuentre nos informará cuánto ha recorrido (columnas que tiene a la espalda) y cuanto le queda por recorrer en este ciclo (columnas que tiene delante).

Por ejemplo, pongamos que tenemos una Emperatriz en la primera columna con visibilidad 100 %, esto nos indicaría que acaba de empezar un ciclo. Si estuviese en la quinta columna le quedarían dos para acabar un ciclo. En cambio, el Emperador, como mira hacia el otro lado, cuando está en la séptima columna está empezando un ciclo y cuando está en la primera está acabando.

Cuando nos encontramos que nuestro consultante está en la última columna, está terminando un ciclo. Y no ve nada porque delante no quedan cartas, recordemos que quiere decir que termina una etapa y aún no ve qué le espera en la siguiente. Entonces nosotros podemos vislumbrar y darle un poco de información de lo que será la nueva etapa, colocando a nuestro consultante en la misma hilera (superior, media o abajo), pero delante de la primera columna. Cómo todo es cíclico, esta primera lectura nos dará información de cómo empezará su nueva etapa. De esta manera damos información, orientamos y tranquilizamos al consultante.

¿Está en conclusión?

Cuando nuestro personaje está en conclusión quiere decir que es clave y decisivo, que tiene voz y voto, que puede ralentizar o activar, que puede hacer o no hacer, está en sus manos. Por lo tanto, tiene más responsabilidad.

Cuando nuestro consultante está en conclusión tenemos seis posibilidades:

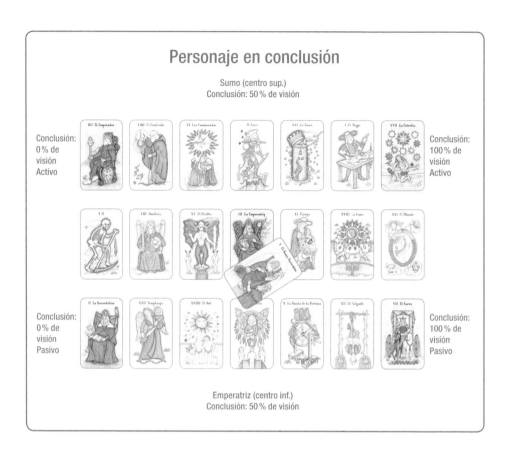

Personaje en conclusión

Sumo (centro sup.)
Conclusión: 50 % de visión

Conclusión: 0 % de visión Activo

Conclusión: 100 % de visión Activo

Conclusión: 0 % de visión Pasivo

Conclusión: 100 % de visión Pasivo

Emperatriz (centro inf.)
Conclusión: 50 % de visión

Consultante en la parte superior y con visibilidad del 100 %. Este año es clave y decisivo, estará activo, podrá aprovechar rápidamente todas las oportunidades, sabrá ver por qué tiene una buena visibilidad. Es fundamental y podrá aprovechar las circunstancias. Acaba de empezar una etapa y la empieza con energía y muchas ganas.

Consultante en la parte inferior y con visibilidad del 100 %. Es clave y decisivo, estará pasivo y es un año en el que empieza una etapa y le toca reflexionar y pensar en esta nueva etapa que inicia.

Consultante en la parte superior y con visibilidad del 0 %. Es clave y decisivo, estará activo, pero no ve nada. Quiere decir que está pendiente más de la nueva etapa que de la que debe cerrar. Es importante que cierre bien los temas pendientes porque esto es lo que se le pide, cerrar para poder empezar.

Consultante en la parte inferior y con visibilidad del 0 %. Es clave y decisivo, tiene la sensación que todo le cae encima de sus espaldas y nos puede dar sensación de agotamiento. Por eso ya está mirando hacia otro lado, aunque no sabe bien hacia dónde. Está en un final de etapa y debe pensar para ver que debe entender y reflexionar para también cerrar esta etapa y poder empezar otra.

Consultante en el centro inferior. Es clave y decisivo. Esta posición nos indica que este año nuestro consultante estará y se sentirá el centro de todo, que está en el medio. Aquí la visibilidad es del 50 %, pero goza de la complicidad de la carta que está encima, que le informa del otro 50 %, aunque no es lo mismo porque lo ve desde la perspectiva de otra carta que no es él.

Consultante en el centro superior. Es clave y decisivo. Está en medio de todo, pero tiene una vista «aérea» o superior que le permite ver las cosas con cierta perspectiva y gozando de una visibilidad del 100 % por estar encima.

Estado anímico, psicológico y energético del consultante

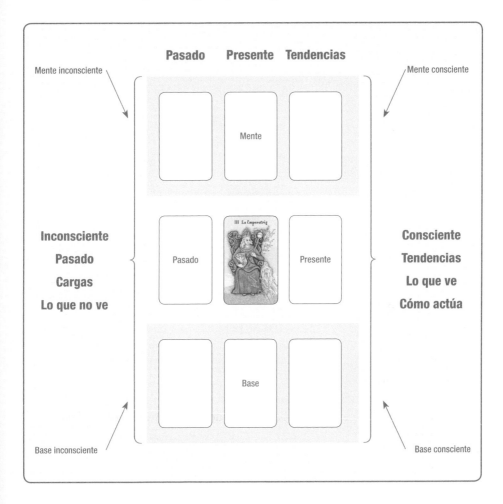

1. **Cartas que acompañan al consultante, miraremos el estado anímico y psicológico.**

   - **Debajo del consultante:** Base del consultante/aquello en lo que se apoyó, su base y sus cimientos. Aquello que le da seguridad y estabilidad.
   - **Encima el consultante:** Mente del consultante/aquello que tiene en la cabeza, cómo piensa. Cómo son sus pensamientos, cómo entiende las cosas y como se expresa.
   - **Delante del consultante:** El presente, cómo actúa, lo que ve y lo que hace.
   - **Detrás del consultante:** Recursos que no ve o no tiene/pasado.

2. **Psicología de nuestro consultante en función de la hilera en la que se encuentra.**

   - **Hilera superior:** Quiere decir que no tiene cartas en la parte de la mente, las tiene delante, detrás y debajo. Esto nos indica que éste no es un año para pensar ni filosofar, es un año para hacer, realizar y sentar bases.
   - **Hilera media:** Aquí tenemos de todo. Es un año en el que tendremos que pensar, hacer y sentar bases.
   - **Hilera inferior:** No tiene cartas en la base, sólo delante, detrás y encima. Éste es un año para pensar, reflexionar, hacer y realizar. Pero no para sentar bases.

3. **Psicología de nuestro consultante en función de la primera y la séptima columna.**

   - **En la primera columna:** No tiene cartas detrás. Esto no quiere decir que no tenga pasado, sino que acaba de empezar un ciclo y ya ha cerrado el anterior. No tiene flecos pendientes.
   - **En la última columna:** No sabe qué hacer, no ve el futuro, sólo ve que debe empezar algo de nuevo. Es importante que cierre bien los temas. Y cuanto antes lo haga, antes podrá empezar la nueva etapa.

Ejemplo de psicología de nuestra consultante

En este caso, nuestra consultante es una Emperatriz. Vamos a analizar cómo está anímica y psicológicamente.

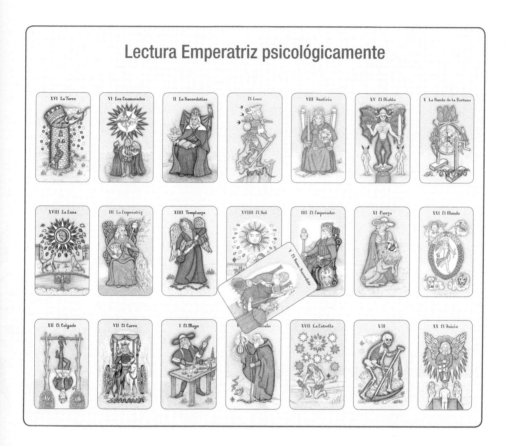

Línea superior: mente

Si miramos las cartas que están encima de la cabeza de nuestra consultante, podemos ver que la Emperatriz en estos momentos desea amar y ser amada, se implica en lo que hace, tiene una inteligencia emocional, es detallista, tiene sensibilidad artística y puede que esté en un momento en el que tiene que tomar decisiones (Enamorados). En su pasado ha tenido una crisis de valores, muchas de sus ideas se vinieron abajo (Torre) y esto le afectó emocionalmente. Su mente tiende a tranquilizarse, buscará espacios para poder estar por ella y encontrar la tranquilidad que anhela (Sacerdotisa) y disfrutar de la soledad. Es consciente que se hace mayor y abraza esta nueva fase de su vida (Sacerdotisa).

Línea media: presente-pasado/consciente-inconsciente

La carta que tiene delante es de la Templanza, hace que sea consciente de la necesidad de adaptarse y fluir, de comunicarse y llegar a acuerdos. Actúa de manera empática, moderada, tolerante, flexible. También nos puede indicar que en estos momentos se siente protegida, la Templanza es un ángel. Delante junto a la Templanza también está la carta de la Sacerdotisa, ambas cartas espirituales, ella puede estar viviendo un despertar espiritual.

Detrás tiene la carta de la Luna, nos indica que en el pasado ha transitado por momentos de inestabilidad emocional, de tristeza. La Luna está al lado del Colgado, nos puede hablar de un bloqueo emocional. Y al lado de la Torre, aquí hay una crisis emocional que le generó un momento de crisis personal.

Línea inferior: base de la persona, los cimientos

Debajo tiene la carta del Carro, siente en su interior que debe avanzar, progresar, tomar las riendas de su vida hacia un objetivo concreto y claro. El Mago son los recursos con los que cuenta para este nuevo camino personal. Detrás del Mago vemos la carta del Colgado, estuvo tiempo bloqueada o a la espera de encontrar las fuerzas para poder avanzar en la vida.

4. Cartas importantes en la psicología.

Siempre teniendo en cuenta la posición donde está situada.

- **Enamorados:** Necesitará querer y ser querido. Detallista, estará guapo, estará más agradable. Puede sentirse interesado por temas culturales o artísticos.
- **Rueda:** Necesidad de avanzar, de mejorar como persona. Momento de crecimiento personal.
- **Muerte:** Cambio y transformación que hará que nuestro consultante no sea el mismo en dos años. Veremos en qué fase estamos. Detrás, negación, no quiere o no ve el cambio que necesita, pero lo siente. Esto quiere decir que aún no ha empezado, le faltan dos años. Encima o debajo, aceptación del cambio, está a la mitad del camino, le falta más o menos un año. Delante, ya está cambiando.
- **Diablo:** Estrés, angustia que acaba somatizando y le repercutirá físicamente con dificultad para dormir, tensión física, etc.

2.ª Técnica. Técnica de la carta clave

Esta técnica es mucho más fácil que la anterior. Tenemos que saber cuál es la carta que corresponde a la pregunta que estamos haciendo. Si nos preguntan por trabajo, será el Mago; si es por dinero, la Rueda; si es por temas legales, la Justicia; si es por una casa, la Torre, etc. Una vez que sabemos la carta clave, sólo tenemos que buscarla en la lectura y mirar las cartas que la rodean. En este caso no es como en la psicología, todas las cartas «valen» igual, no hay posiciones de pasado, ni de base. Podemos empezar a interpretar por la que queramos, como nos vaya mejor, lo que nos diga la intuición.

Cartas que rodean la carta codificada

Esta técnica es muy importante. Una vez que hemos codificado, barajado y colocado las cartas, buscamos la que hemos codificado y miramos todas las cartas que la rodean. En este caso, como no es un personaje, las miramos todas por igual, aquí no hay ni mente, ni pasado, ni nada. Las analizamos todas por igual.

Primero hacemos una mirada general de todas las cartas que la rodean y después empezamos a interpretar carta por carta. Daremos más importancia a las cuatro cartas que la tocan más, a las que están situadas en los cuatro puntos cardinales, más que a las esquineras, que tocan menos a la carta clave. Para que lo entiendas mejor, he puesto un ejemplo.

Ejemplo de técnica de la carta clave

Técnica de la carta clave

Si interpretamos el Mago como carta clave, que representa al trabajo, podemos ver que las cuatro que tienen más influencia, porque tienen más contacto, son la Justicia, el Ermitaño, el Sol y la Rueda. Son todas ellas cartas positivas. Trabajo equilibrado y justo y con contrato (Justicia), hace ya tiempo que está trabajando en este lugar y tiene experiencia y conocimiento (Ermitaño), trabaja en compañía de otras personas, lo hace con seguridad, confianza y brilla (Sol), quiere avanzar y progresar a la vez que este trabajo le da dinero (Rueda).

De las cartas que tienen menor influencia, la Estrella nos dice que tiene ilusiones en este trabajo, el Diablo nos indica que a veces puede estresarse y puede haber rivalidades con los compañeros (Sol), el Carro nos reafirma la necesidad de avanzar y puede que tenga que hacer algún desplazamiento. Y la Torre aquí nos hablaría de la empresa y de algún imprevisto que podría tener, pero como está bien acompañada, no sería nada grave.

Listado de algunas cartas clave más utilizadas:

- Mago: Trabajo
- Rueda: Dinero
- Justicia: Exámenes, juicios, análisis, pruebas
- Carro: Viaje, vehículo
- Torre: Empresa, vivienda, local
- Sol: Terreno
- Sacerdotisa: Estudios, libros

A medida que vayas avanzando en el libro podrás ver las cartas clave dependiendo del tema que estemos viendo.

3.ª Técnica. Técnica de las diagonales

Ésta es una técnica que solamente la utilizaremos cuando la anterior carta clave necesite algún matiz. Cuando tenemos la sensación de que nos falta alguna cosa más, que necesitamos una ampliación.

Las diagonales las haremos a partir de la carta codificada. Tendremos en cuenta si ésta es un personaje o una situación, circunstancia o cosa (trabajo, dinero, juicio, libro, etc.). No es lo mismo un personaje, donde la mirada es importante, que mirar una carta clave de un tema concreto.

Diagonales a partir de un personaje

Recordemos que el tarot es un lenguaje visual. Si hacemos las diagonales a partir de un personaje, las cartas diagonales que salen desde la espalda del personaje nos hablarán de su pasado y las que salen hacia donde dirige su mirada lo harán de sus tendencias de futuro. En esta técnica, el lugar hacia donde miran de los personajes es muy importante.

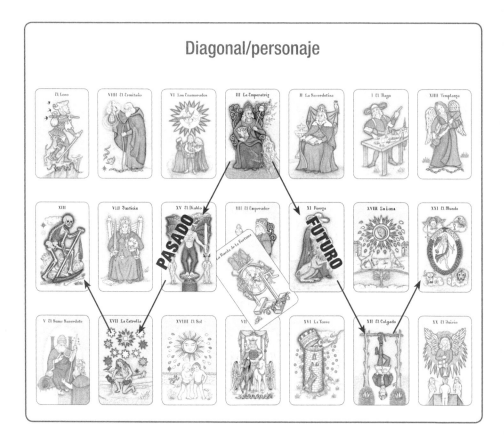

Diagonal/personaje

En este caso, si interpretásemos las diagonales de la Emperatriz. Podríamos decir que en el pasado vivió algunos cambios (Muerte), pero no perdió la esperanza ni sus ilusiones (Estrella), aunque sí que se estresó, aunque gracias a su instinto de supervivencia (Diablo) ha llegado donde está ahora.

Si miramos las tendencias de futuro, podemos ver que podrá controlar las circunstancias gracias a su inteligencia (Fuerza), tendrá que hacer algún sacrificio (Colgado), pero al final se sentirá exitosa y satisfecha de lo experimentado (Mundo).

Diagonales a partir de una circunstancia, situación o cosa

En este caso, las diagonales del trabajo, dinero, inmuebles, juicios, libros, viajes, etc. Recordemos que el trabajo, el dinero, etc., no tienen alma, no piensan. Las diagonales que van hacia la izquierda siempre nos hablarán del pasado, y las que van hacia la derecha siempre del futuro. Aquí, la dirección de las miradas no tiene influencia.

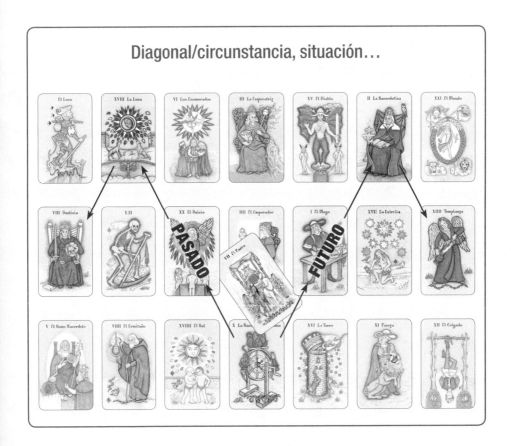

Ejemplo de las diagonales del dinero

Si interpretamos las diagonales a partir de la carta de la Rueda, que hemos codificado como carta de dinero, podemos ver que en el pasado tenía una economía equilibrada (Justicia), pero que llegó un momento en el que las cosas no estaban muy claras y esto generó cierta inestabilidad y preocupación (Luna) que obligó a nuestro consultante a hacer un buen inventario de su situación económica (Juicio). A partir de estos momentos vemos que tendrá el trabajo suficiente y los recursos para gestionar su economía (Mago), esto le dará estabilidad y tranquilidad (Sacerdotisa) y una buena fluidez económica (Templanza). (*Véase* página anterior).

4.ª Técnica. Técnica de las conclusiones

Ésta es la última técnica, la que nos permite cerrar y concluir la pregunta que nos está haciendo el consultante.

Las cartas que están en las cuatro esquinas y las dos del centro forman parte de la conclusión y están relacionadas entre sí en cuanto a la interpretación, de ahí su importancia.

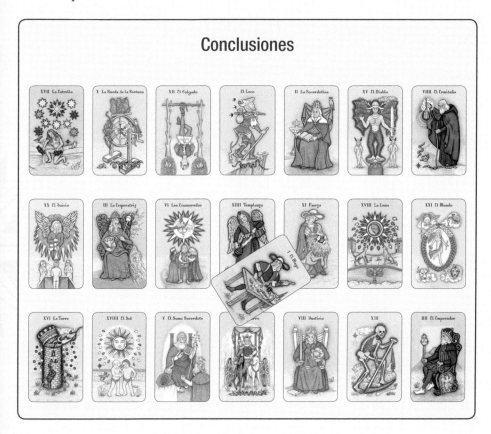

Las conclusiones solamente las leemos en las preguntas concretas, no en las generales (no podemos tener la misma conclusión en trabajo, dinero, pareja, papeles, etc.).

Ejemplo de interpretación de las conclusiones

¿Cómo leeríamos estas conclusiones? Imaginemos que un hombre de 52 años (Emperador) nos ha preguntado por su trabajo.

Primero miraremos cómo está él (Emperador) anímica y psicológicamente respecto al tema por el que nos pregunta. Después habremos interpretado la carta clave, que en este caso es el Mago, porque es la carta que representa el trabajo. Al final terminaríamos mirando e interpretando las conclusiones.

Conclusiones:

Hay algún proyecto que le hace ilusión, sobre el que no pierde la esperanza (Estrella) y que hace tiempo que está esperando. En estos momentos tiene unas conversaciones (Templanza) laborales para ver la manera de llevar a cabo este proyecto, hay recursos y buenas capacidades (Mago). Aunque pueda haber algún imprevisto (Torre), nuestro cliente (Emperador) tendrá la capacidad para controlar y gestionar cualquier circunstancia.

Las conclusiones solamente las leemos en las preguntas concretas, no en las generales (no podemos tener la misma conclusión en trabajo, dinero, pareja, papeles, etc.).

Hasta ahora, has podido ver las 4 técnicas que utilizaremos en esta lectura. No te preocupes porque lo irás entendiendo mejor en cada uno de los ejemplos interpretados paso a paso en este libro.

Temas de interpretación

Los distintos enfoques y temas que vamos a trabajar a continuación son: tarot psicológico y predictivo, que es el que nos permite ver cómo está nuestro consultante y ver sus tendencias. En este apartado trabajaremos con los temas cotidianos que se plantean en las consultas: amor, trabajo, dinero, sexo…

Tarot psicológico y predictivo

La mayoría de los tarotistas, hoy en día hacemos un tarot predictivo en el que, a partir del presente del consultante, podemos ver qué cosas o temas le están influenciando del pasado y ver las tendencias de futuro. Con esto podemos orientar, aconsejar, advertir y ayudar a las personas que vienen a consultarnos. Nosotras no hacemos un tarot sentenciador, respetamos el libre albedrío y creemos que nuestros consultantes son los que tienen la última palabra y los que toman las decisiones en su vida.

Es un tarot psicológico porque trabajamos con personas y las atendemos, por lo que siempre miraremos cómo está nuestro consultante anímica y psicológicamente.

En los siguientes apartados explicaré los temas más comunes que he atendido en mis consultas a lo largo de estos últimos 22 años. Explicaré la lectura general, temas de trabajo, sentimientos, sexo, inmuebles, salud, etc.

Consulta general

> *Éste es uno de los momentos más importantes, pues tendremos que ver las cosas que son y van a ser importantes para nuestro consultante. Y en esta fase de la lectura nosotros veremos lo fluidos que estamos y seremos conscientes de la dificultad o facilidad a la hora de realizar la consulta.*

Primero realizaremos los pasos que he explicado anteriormente:

- Buscar el consultante.
- Mirar la hilera en la que se encuentra.
- Perspectiva que tiene.
- ¿Está en conclusión?
- Psicología. Cómo está anímica y psicológicamente nuestro consultante.

Después procederemos a ver otros temas concretos que son importantes en este momento y la tendencia a un año vista. Recordemos que una lectura general abarca aproximadamente un año.

Con la lectura general podemos ver qué es lo que trae a nuestro cliente a la consulta, cuáles son los temas importantes ahora y las tendencias a un año vista.

Una vez que hemos visto cómo está anímica y psicológicamente, procederemos a mirar otros temas. En una lectura general deberemos poder ver:

1. Nuestro consultante, la posición que ocupa y cómo está anímica y psicológicamente.
2. Temas imprescindibles:
   - Si tiene o no trabajo y la evolución laboral.
   - Su economía.
   - Salud en general.
   - Si tiene pareja o no y la evolución sentimental.
3. Temas opcionales:
   - Temas legales.
   - Temas familiares.
   - Temas inmuebles.
   - Estudios, exámenes, juicios…

En la lectura general no haremos diagonales ni miraremos las conclusiones.

¿Cómo lo miraremos? Cada uno de estos puntos lo codificaremos con una carta. Y la interpretaremos mirando las cartas que la rodean. Cuando miramos estos puntos no podemos profundizar, sólo situaremos los temas, es como si fuese el titular del periódico. La interpretación de todos estos puntos nos permitirá priorizar y después en lecturas sucesivas ya iremos profundizando en cada uno de los puntos.

La codificación es la siguiente:

- Salud: Luna. En la lectura general sólo la interpretaremos si está tocando al consultante. Y miramos superficialmente la carta de la Justicia para ver analíticas.
- Trabajo: Mago
- Sentimientos: Deberemos buscar la pareja de nuestro consultante. Sumo Sacerdote-Sacerdotisa, Emperador-Emperatriz, Carro-Estrella. Y mirando las sensaciones (distancia, posición, mirada) y las cartas que las rodean y separan veremos cómo están los sentimientos.
- Dinero: Rueda.
- Temas legales: Justicia.
- Inmuebles: Torre.
- Estudios: Sacerdotisa.

Lectura general de la Emperatriz

Nuestra clienta es una mujer de 53 años que ha venido por primera vez a nuestra consulta. Nos hemos presentado, la hemos acomodado y empezamos con una lectura general, para poder ver qué es lo que trae y qué temas pueden ser importantes a un año vista.

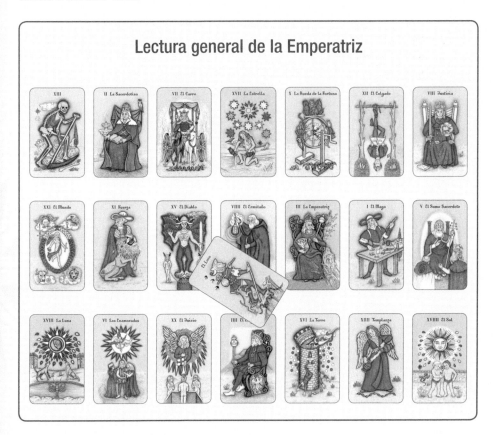

Posición de nuestra consultante

Lo primero que deberemos hacer es buscar dónde está la carta que representa a nuestra consultante en la lectura.

Está representada por la Emperatriz, que está en la segunda hilera, esto nos indica que se toma las cosas con calma y tranquilidad. Desde donde está situada tiene una visión sólo del 30 % de todo lo que pasa a su alrededor, tiene poca visión, podemos recomendarle que sería bueno que ampliase su foco.

Psicología

Línea superior: mente

Si observamos las cartas que tiene encima de la cabeza, fijándonos en su parte consciente (Rueda y Colgado), éstas nos hablan de su mundo de las ideas, de cómo tiene amueblada la mente y cómo entiende y se comunica. Podemos ver que tiene una mente ágil, rápida, sabe aprovechar las oportunidades de la vida, se expresa con franqueza, y tiene una mente ávida de conocimientos (Rueda). Aunque en estos momentos está bloqueada, no está trabajando sus potenciales, está a la espera de algo, ya veremos. Detrás de la mente tenemos la carta de la Estrella, que nos dice que en estos momentos no se siente ilusionada, quizás por eso está parada. También nos dice que tiene la capacidad para interpretar las «señales», pero en estos momentos no lo ve.

Línea media: presente-pasado/consciente-inconsciente

La carta que tiene delante la Emperatriz nos dice de lo que ella es consciente, lo que ve, su presente y lo que hace. El Mago nos indica que es trabajadora, resolutiva, tiene recursos, es habilidosa y tiene iniciativa. Le gusta estar activa y es un buen momento para crear y materializar cosas que tiene en la mente, pero el Colgado nos limita esta posibilidad. Si no fuese por este Colgado, podría estar haciendo muchas más cosas. Vemos que no hay una línea directa entre la mente y el presente, sus recursos, por culpa de este Colgado. Detrás tiene la carta del Ermitaño, que hace referencia a las cargas que tiene y que le vienen del pasado. Las tiene tan integradas que no las ve, pero las siente. En vez de sobrellevar las cargas, lo que debería hacer, y no hace, es profundizar y buscar el fondo de la cuestión, buscar en su interior.

Línea inferior: base de la persona, los cimientos

La Torre que está bajo sus pies nos indica que sus bases se están desmoronando, no tiene una base estable, sus creencias, que hasta ahora le servían, en estos momentos se derrumban. Pero la carta de la Templanza nos dice que, aun así, lo está llevando bien, sabe adaptarse a estas circunstancias. El Emperador que no ve nos dice que no es consciente de su fuerza ni de su capacidad de organización ni de lucha. Que además de adaptarse debería luchar para organizar y volver a construir unas nuevas bases que le sirvan para esta nueva etapa personal.

Temas generales obligatorios

Salud

Buscamos la carta de la Luna y no vemos que esté tocando a nuestra consultante, por lo tanto, este año los temas de salud no serán importantes.

Después vamos a ver la carta de la Justicia, que nos permitirá ver cualquier resultado de análisis o pruebas que tenga que hacerse a lo largo del año. Vemos que está en conclusión, por lo tanto, puede ser un tema importante. Está al lado del Colgado, que nos indica que le pueden salir algunos resultados bajos. Que tendrá que acudir a un especialista (Sumo Sacerdote) y realizar algún tratamiento con el Mago. Como ya sabemos, las conclusiones están siempre relacionadas entre sí. Por lo que también tendré que interpretarlas. La Justicia son las pruebas médicas, y nos saldrán alteradas (Loco), pero esto ya viene de lejos (Ermitaño). Saldrán alteradas (Luna), pero se aclararán (Sol) y tendrá que hacer algunos cambios de pruebas (Muerte).

En este caso, como la carta de la consultante no está tocada por la Luna, ya hemos visto que no habría cosas graves. Además, nuestra consultante está acompañada de la Estrella y la Templanza, que son cartas de protección. Y ella está ya mirando al Sumo Sacerdote que es el especialista.

En este caso, deberíamos después realizar una lectura de salud para profundizar en el tema, pues vemos que puede ser importante este año.

Trabajo

Mago. Está delante de nuestra Emperatriz, esto nos indica que será importante para ella, lo tiene presente. Es un trabajo del que tiene experiencia (Sumo Sacerdote). Que fluye y en el que se adapta y comunica (Templanza) con claridad y seguridad, y con un jefe que, aunque mira hacia fuera, es brillante (Sol) y hay buena armonía con los compañeros y en el que se habla claro (Templanza + Sol). Pero en el trabajo se está sacrificando (Colgado) y está pendiente de temas legales laborales (Colgado + Justicia) y tiene la necesidad de que se pongan en marcha porque puede suponer alguna mejora económica (Rueda).

Dinero

Rueda. El dinero es otro tema importante para ella, pues lo tiene en la cabeza, es un tema en el que piensa y lo tiene presente. Con la carta de la Estrella, vemos que no le faltará dinero, que tendrá suerte. El Ermitaño nos dice que tiene unos ingresos regulares desde hace tiempo y que los seguirá teniendo. Pero que en estos momentos puede tener dinero retenido por la empresa o alguna limitación porque le han bajado una parte de sueldo (Colgado + Mago).

Sentimientos

Buscamos la cara de la pareja de la Emperatriz y vemos que el Emperador está cerca, la está tocando por una esquina, esto nos indica que sí, tiene pareja. Aunque están de espaldas, no se comunican ni se escuchan, aunque se sienten unidos porque están cerca, y la que manda es nuestra consultante. Ella piensa en el trabajo y el dinero. Y él puede estar pasando un mal momento, en la cabeza tiene el

Ermitaño y el Diablo, que nos indica que está estresado y da muchas vueltas a las cosas, incluso puede llegar a la obsesión. En el pasado ha tenido alguna cosa que se le ha desmoronado (Torre) y ahora está intentando hacer un inventario de su vida para saber dónde está y hacia dónde va (Juicio).

Otros temas que podemos ver

Temas legales

Justicia. También serán importantes porque están en conclusión. Temas legales pendientes (Colgado) del trabajo (Mago) que requerirán el consejo de un especialista, consejero, abogado o asesor (Sumo Sacerdote). Y las conclusiones me dicen que son temas legales por algún cambio (Muerte), que vienen del pasado (Ermitaño), que no se han hecho bien (Luna y Loco), que también pueden repercutir a compañeros y que deben aclararse (Sol).

Bienes inmuebles

Torre. También son importantes para ella, pues están bajo sus pies. Nuestra consultante quiere hacer algunas mejoras (Mago) porque cree que la casa está un tanto anticuada (Ermitaño) y quiere disponer de un dinero (Templanza), pero tiene al Emperador de espaldas, por lo que no comparte esta necesidad.

Estudios

Sacerdotisa. No creo que sea un año para empezar estudios importantes, pues la carta de la Muerte puede llevar a nuestra consultante a interrumpirlos. Aunque debajo están la Fuerza y el Mundo, que pueden indicarnos que tiene la inteligencia y la capacidad para realizarlos. Y los desplazamientos para estudiar tampoco lo facilitan.

Otros

El Sol, que está en conclusión, nos dice también que los hijos pueden ser importantes y que reclamarán atención, porque están en conclusión. También me llama la atención la carta de la Sacerdotisa, que haría referencia a una mujer mayor que tendría que cuidarse el aparato locomotor (Diablo y Carro) y los huesos (Muerte).

En general, podríamos decir que nuestra consultante tiene un año movido, pues tiene muchos frentes abiertos. Ahora tendríamos que profundizar en los temas más importantes con lecturas concretas. Podríamos mirar su evolución laboral y temas legales, la salud y la relación con su pareja.

La familia

Los temas familiares son una de las preguntas frecuentes en las consultas de tarot. Ver los distintos roles y diferencias familiares nos permitirá entender, orientar y aconsejar a nuestro consultante de la mejor manera.

Cuando miramos la familia, teniendo en cuenta la edad y la jerarquía, codificaremos los arcanos de la siguiente manera:

- **Sumo Sacerdote y Sacerdotisa,** los abuelos.
- **Emperador y Emperatriz,** los padres.
- **Carro y Estrella,** los hijos.

En cuanto a los hijos, podemos encontrarnos familias numerosas, familias con sólo chicos o chicas. A continuación, tenéis un listado que os puede servir de referencia.

HIJOS/AS	CORRESPONDENCIAS
1 niño	Carro
1 niña	Estrella
1 niña	Estrella
1 niño	Carro
1 niño (mayor)	Carro
1 niño (menor)	Sol
1 niña (mayor)	Estrella
1 niña (menor)	Sol
1 niño (el mayor)	Carro
1 niño (menor)	Sol
1 niña	Estrella
1 niña (la mayor)	Estrella
1 niña (menor)	Sol
1 niño	Carro
1 niña (la mayor)	Estrella
1 niña (menor)	Sol
1 niño (el mayor)	Carro
1 niño (menor)	Loco
1 niña (la mayor)	Estrella
1 niña (mediana)	Templanza
1 niña (menor)	Sol
1 niño	Carro
1 niño (el mayor)	Carro
1 niño (mediano)	Loco
1 niño (pequeño)	Sol
1 niña	Estrella
1 niño	Carro
1 niño	Loco
1 niño	Mago
1 niño	Sol
1 niña	Estrella
1 niña	Templanza
1 niña	Fuerza
1 niña	Sol

Vamos a poner un ejemplo de lectura donde buscaremos a los representantes de una familia.

Ejemplo de pregunta sobre temas familiares:

Tenemos una consultante de 43 años (Emperatriz) que nos pregunta por su familia. Ella tiene un marido, un hijo de 13 años, una hija de 9 y otra de 7. Sus padres están vivos.

Consultante

Posición de la carta. Nuestra consultante, una mujer de 43 años, representada por la Emperatriz, está en la hilera inferior. Respecto a los temas familiares está con una actitud pasiva, reflexiva. Tiene una visión del 90 % de lo que pasa a nivel familiar, se entera de casi todo. Está en la segunda columna, quiere decir que a nivel familiar hace unos dos años que ha empezado una nueva etapa, una etapa de tomarse las cosas de una manera diferente.

Desde esta posición podemos observar que en su campo de visión tiene a toda la familia menos a su hija menor, de 7 años, éste es un dato interesante, que deberemos tener en cuenta. A nivel general, podemos ver que tiene a sus hijas cerca y a su hijo lejos.

Psicología de la consultante. En el pasado, nuestra consultante se ha sentido realizada, satisfecha (Mundo) a nivel familiar y con sus hijos (Sol). Las tres cartas relacionadas con sus pensamientos sobre la familia podemos ver que son positivas. El Sol en su parte de la mente del pasado nos dice que se sentía orgullosa de su familia y de sus hijos, pensaba en ellos y eran lo más importante. En el presente tiene ilusiones que quiere llevar a cabo (Estrella), pero también nos puede hablar de que la hija mayor es importante para ella y que reclama su atención en estos momentos, cosa que la hija menor hizo en el pasado (Sol). Y en el futuro ella intentará llegar a un equilibrio (Justicia) entre su vida familiar y su vida personal para poder llevar a cabo también sus ilusiones y proyectos. Delante tiene la carta de la Rueda, es consciente de que las circunstancias de la vida mandan, pero también sabe aprovechar las oportunidades que le ofrece y con las que ella querrá seguir creciendo y aprendiendo.

Ahora vamos a analizar las relaciones entre unos y otros:

Madre (Emperatriz)/hijos

Se siente cerca de sus dos hijas (Estrella y Sol). Lo que sucede es que éstas están en la hilera superior a la madre, están encima, esto quiere decir que no respetan los roles, las jerarquías, ellas mandan a la madre o la madre cede ante ellas. Está claro que en estos momentos la hija mayor reclama más atención y que la menor lo hizo en el pasado. Lo que nos llama mucho la atención es la carta del hijo (Carro), que está muy lejos de la madre, esto nos indica que se sienten distantes, aunque sí se comunican porque se miran.

Emperatriz/marido

Respecto al marido, están cerca, pero está claro que el Emperador manda, está dos hileras por arriba. Ellos se miran, se comunican y las cartas que les separan son buenas, la Justicia, los Enamorados y la Rueda, podemos decir que hay un compromiso y hay sentimientos. Podemos ver que por parte del Emperador hay más sentimientos que por parte de la Emperatriz, porque los Enamorados están al lado de él.

Emperatriz/padres

Se siente un poco distanciada, se entiende y se comunica con la madre (Emperatriz), pero no con el padre (Sumo Sacerdote). El padre (abuelo) está mirando hacia afuera de la lectura, indicando que muestra poco interés por la familia, él va a lo suyo, sólo se entiende y se comunica con el nieto (Carro), se siente más cercano a él. Como vemos, el Carro, el hijo, se siente más cercano a los abuelos que a los padres y hermanas.

Los abuelos

El Sumo Sacerdote y la Sacerdotisa se sienten cerca, pero no se comunican, ven las cosas de distinta manera a nivel familiar. La abuela está pasiva, pero pendiente de su hija, nietas y yerno. No está viendo al nieto (Carro) ni a su marido (Sumo Sacerdote), pero los tiene cerca. La abuela está al mismo nivel de jerarquía que la Emperatriz, están para recoger y cuidar, pero no para mandar, son las que mandan menos.

A nivel general, podemos observar que las figuras masculinas del Emperador, el Carro y el Sumo Sacerdote están en posiciones más altas, lo que indica que ellos tienden a mandar más, y el nieto (Carro) así lo ha vivido y se ha situado al mismo nivel que su padre (Emperador), incluso mandando a su abuelo (Sumo Sacerdote). En cambio, en esta familia las mujeres tienden a tener un rol menos dominante, observemos a la Emperatriz y a la Sacerdotisa, pero las hijas están intentando recuperar posiciones (Sol y Estrella).

También podemos observar dos núcleos familiares diferentes, por un lado, un grupo familiar formado por el padre, la madre y las hijas, con el padre protegiendo. Y por otro lado, los abuelos y el nieto, el Carro protegiendo igual que hace su padre.

Para cerrar la consulta, podemos ver que a nivel general hay una buena relación, pero nos inquieta la figura del Carro, que está tan lejos. Aquí es donde vemos que el Carro es el tema que preocupa y el fondo de la pregunta de nuestra consultante.

En este caso, hemos preguntado por los abuelos de nuestra consultante. Si quisiéramos ver más profundamente la relación con unos y otros abuelos, necesitaríamos dos lecturas. Y cada vez cuando barajásemos las cartas necesitaríamos concentrarnos y visualizar a unos y después en otra lectura a los otros.

Si queremos preguntar por algún otro personaje de la familia deberemos hacer la pregunta, codificar a la o las personas por las que preguntamos en función de la edad o grado de parentesco y realizar la pregunta. Imaginemos que una mujer de 46 años (Emperatriz) nos pregunta por una tía, entonces la codificaremos como la carta de la Sacerdotisa, al barajar nos concentraremos en ella y sólo nos quedará ya interpretar.

Trabajo

+++

> *El tema del trabajo es uno de los clásicos en el tarot. Y tendremos*
> *que clasificarlo en varios apartados, no es lo mismo trabajar*
> *por cuenta propia que hacerlo por cuenta ajena. No es lo mismo*
> *tener trabajo que no tenerlo.*

Mírame el trabajo

*É*sta es una de las típicas peticiones que nos hacen en las consultas. Cuando nos la hacen, nosotros no sabemos si tiene trabajo o no, esto es lo primero que tendremos que averiguar. Después, si tiene trabajo, tendremos que saber ver qué tipo de trabajo, qué contrato tiene, su sueldo, etc. Y si no tiene trabajo, tendremos que ver si lo conseguirá, cuáles son sus retos, sus facilidades, sus habilidades, etc. Como tarotistas, debemos aconsejar, orientar y ayudar a nuestro consultante.

¿Cómo sabremos si tiene trabajo?

Para empezar, debemos recordar que la carta que representa al trabajo es la carta del Mago. En una tirada general, tendremos que buscar la carta del Mago, y las cartas que lo rodeen nos indicarán si lo tiene o no. Un Mago rodeado de cartas positivas indicará que nuestro consultante tiene trabajo. Y con cartas negativas veremos que su empleo está en peligro o que no tiene. Aquí tienes algunas combinaciones que pueden ayudarte para el tema laboral.

- Mago + Ermitaño = Trabaja desde hace tiempo y le durará.
- Mago + Sol = Trabajo brillante, trabajo con gente.
- Mago + Mundo = Trabajo que me realiza, trabajo en una multinacional o empresa grande.
- Mago + Carro = Trabajo que avanza o desplazamientos por temas laborales.
- Mago + Fuerza = trabajo que controlo.
- Mago + Sacerdotisa = Trabajo estable, con experiencia y conocimientos.
- Mago + Sumo Sacerdote = Trabajo estable y reconocimiento.
- Mago + Loco = Trabajo temporal o inestable.
- Mago + Luna = Trabajo en el que no está bien o no tiene trabajo.
- Mago + Colgado = No tiene trabajo o tiene uno muy sacrificado.
- Mago + Muerte = No tiene trabajo o cambio de trabajo.
- Mago + Diablo = Complicaciones.
- Mago + Torre = Trabajo en crisis, trabajo que se desmorona.

Persona que no tiene trabajo

Cuando una persona no tiene trabajo y nos pregunta por ello, tendremos que mirar la tendencia de la situación y ver cómo podemos ayudar para que le salga de la manera más rápida posible.

Primero, miraremos el consultante: es muy importante ver su actitud, si está en la parte superior de la lectura o en la inferior. Después miraremos la perspectiva que tiene de las circunstancias, el estado de ánimo, los recursos o conocimientos que posee. Todo ello lo veremos con las cartas que lo rodean.

El Mago será la carta clave con la que veremos la tendencia que siguen los acontecimientos, si le saldrá trabajo o no.

Ejemplo de lectura de alguien que no tiene trabajo y nos pregunta si encontrará un empleo

Nuestra consultante es una chica de 27 años que hace 5 que terminó sus estudios de informática. Ha estado dos años trabajando en una empresa, pero ahora se ha quedado sin trabajo. Quiere saber si encontrará trabajo de lo suyo.

Codificación: Mujer de menos de 30 años (Estrella). Observando al Mago, veremos si encontrará trabajo de informática.

Lectura ¿encontraré trabajo?

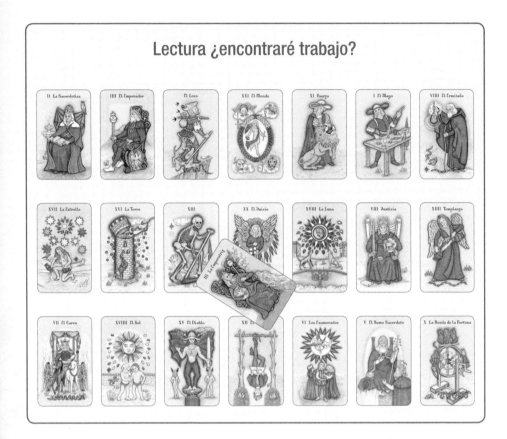

Consultante

Posición de la carta. Nuestra consultante, como es una mujer de menos de 30 años, estará representada por la carta de la Estrella. Si observamos la posición que ocupa dentro de la lectura, podemos ver que está en la hilera media, esto nos indica que el tema de buscar trabajo se lo está tomando con calma, con tranquilidad.

Podemos observar que la Estrella está de espaldas a la lectura, sólo ve la Sacerdotisa y el Carro, pero todo lo que sucede a su alrededor no lo ve. Está preguntando si encontrará trabajo, pero no ve el trabajo (Mago) ni ve las circunstancias. Nos indica que si le sale una oportunidad igual no la podrá ver. Por eso le diremos a nuestra consultante que tiene que ampliar su campo de visión, tiene que mirar más hacia todas las oportunidades que se le puedan presentar. Esta posición también nos indica que está terminando una etapa.

Psicología de nuestra consultante. Encima de su cabeza tiene la carta de la Sacerdotisa, que nos dice que tiene conocimientos y experiencia laboral, que está en un momento de reflexión y de interiorización. Sus pensamientos son más bien conservadores y piensa que necesita un trabajo que le dé estabilidad. Está dispuesta a reciclarse y a seguir estudiando. La carta del Emperador, que nos habla de cómo estaba su mente en el pasado, nos dice que ella tenía era organizada, que sabía gestionar bien su tiempo, que pensaba de manera ambiciosa.

Las cartas que tiene debajo nos hablan de su base personal a nivel laboral. El Sol nos dice que en un pasado tenía una base brillante, se sentía segura, se apoyaba en sus compañeros. Ahora, con la carta del Carro, siente que tiene que avanzar, moverse hacia algún camino nuevo, tiene ganas de tomar las riendas de su vida profesional y está dispuesta incluso a desplazarse.

Detrás tiene la Torre, nos indica que en un pasado ha habido una crisis, puede que sea el despido, y como la carta la está tocando, nos indica que aún le pesa. También podemos observar que al lado de la Torre están el Sol y el Emperador, puede que los despidos afectasen a más personas.

Delante –que nos indica el presente, de lo que somos conscientes, de dónde estamos y hacia dónde vamos– no hay cartas, porque ella está terminando una etapa y no lo ve. Tendremos que ser nosotros como tarotistas los que la orientemos. Y podremos hacerlo, observando la carta del Mago y con las conclusiones.

¿Encontrará trabajo?

Mago

La carta del Mago es la que codificamos como el trabajo, observando las cartas que lo rodean veremos las tendencias. Las cartas más importantes, porque tienen más contacto con la carta clave, son la Fuerza, la Justicia y el Ermitaño. Con esto ya recibimos una buena sensación. Ahora vamos a interpretarlas paso a paso, y podemos empezar por la que queramos, la que nos sea más fácil.

Puede encontrar un trabajo seguro, que controle y domine (Fuerza). Deberá superar las inseguridades y miedos (Luna) que le pueden venir por el despido que hemos visto cuando hemos interpretado a nuestra consultante. Puede encontrar un trabajo que le dé equilibrio y con contrato. Este contrato (Justicia) deberá revisarlo muy bien, porque está al lado de la Luna, y podrá negociarlo porque también está al lado de la Templanza. Puede que tenga que pasar alguna prueba o más de una entrevista (Justicia + Templanza). Con el Ermitaño le puede salir un trabajo de larga duración en el que ella pueda profundizar, incluso tener algunas responsabilidades, tendrá que tener paciencia y perseverancia. El Ermitaño también nos dice que puede tardar un poco o que podría darse hacia el otoño.

Si hiciésemos las diagonales del Mago, podríamos ampliar un poco la información:

Diagonal del futuro: La Templanza es una carta muy positiva, nos habla de protección, de conversaciones, de acuerdos, de llamadas. Vemos que las tendencias son buenas.

Diagonal del pasado: La Estrella, la representa a ella y representa que estaba en su trabajo con ilusión. Era organizada, también nos podría decir que tenía cierto cargo de responsabilidad, de mando (Emperador). Pero hubo un cambio radical (Muerte) que la dejó colgada, bloqueada, sin trabajo (Colgado). Esto le generó una gran inseguridad y desconfianza (Luna). Pero con el Mago tendrá los recursos y las habilidades para hacer frente a esas inseguridades, y le saldrá la posibilidad de un trabajo.

Conclusiones

La Sacerdotisa nos dice que nuestra clienta tiene experiencia y conocimientos que debe tener en cuenta y utilizar a la hora de buscar trabajo. El Ermitaño le dice que tiene que perseverar y buscar, puede ser interesante buscar a alguna de las empresas con las que haya trabajado en el pasado y contactar con ellas. Ambas cartas, la Sacerdotisa y el Ermitaño, son cartas de reflexión e interiorización, le recomendaría que escuche de su interior hacia dónde quiere encaminarse laboralmente. La Emperatriz nos puede indicar que sea creativa, que se sociabilice, pero también puede referirnos a la importancia que tiene que madure, ya tiene 30 años y tiene que empezar a pensar quién quiere ser de mayor (Juicio). Una vez que escuche su vocación, se dará cuenta de hacia dónde quiere dirigirse laboralmente (Juicio). Con el Carro podrá tomar las riendas de su vida, las cosas se activarán, y con la Rueda las circunstancias se moverán de forma favorable para que pueda encontrar un trabajo en el que se sienta valorada y pueda evolucionar y avanzar.

Si observamos bien, podemos darnos cuenta de que las dos conclusiones superiores son cartas lentas y de reflexión y las dos conclusiones de abajo son cartas de movimiento. Y en el centro está la Emperatriz, y que darse cuenta es clave para que las cosas se muevan. Pero hace falta una conexión interior para que todo eche a rodar.

Trabajo por cuenta propia

No es lo mismo trabajar por cuenta ajena o en una empresa que trabajar por cuenta propia. Las inquietudes, las necesidades y las vivencias son muy distintas.

Codificación de los personajes

Si nuestro consultante trabaja por cuenta propia, los distintos personajes son:

- Si tiene socios, serán **el Sumo Sacerdote** o **la Sacerdotisa.**
- Si no tiene socios, **el Sumo Sacerdote** y **la Sacerdotisa** nos hablarán de sus clientes importantes o asesores.
- **El Carro** y **la Estrella** serán sus subordinados, si los tiene.
- **El Sol** nos hablará de los clientes en general.

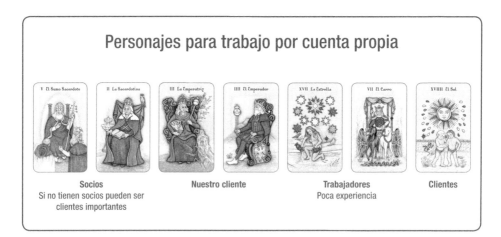

Personajes para trabajo por cuenta propia

Socios
Si no tienen socios pueden ser clientes importantes

Nuestro cliente

Trabajadores
Poca experiencia

Clientes

Como ya hemos indicado, no es lo igual trabajar para uno mismo y ser autónomo o tener una empresa propia que ser empleado.

Cuando vamos a ver el trabajo de alguien que tiene una empresa o trabaja por cuenta propia, con esta lectura podremos ver el volumen de trabajo, la imagen de la empresa, los temas legales, la tesorería o liquidez económica, los resultados a final de año, la relación con los socios, con los trabajadores… Son muchas las cosas que podemos ver.

Codificaciones de los arcanos para el trabajo por cuenta propia:

- Mago = Volumen de trabajo.
- Justicia = Contratos y temas legales.
- Templanza = Liquidez económica, tesorería, efectivo, entradas y salidas de dinero.
- Rueda = Resultados a final de año.
- El Sol, la Estrella, el Carro = Trabajadores.
- Torre = Imagen de la empresa.

Y siempre buscaremos la actitud y cartas que rodean a nuestro consultante, podemos hacer alguna diagonal y deberemos cerrar con la conclusión.

Ejemplo de lectura para el trabajo por cuenta propia

Nuestra consultante es una mujer de 50 años que tiene una fábrica de cerámica que creó hace 10 años. En estos momentos tiene 16 trabajadores. Quiere saber la evolución de su negocio.

Codificación de la pregunta: Emperatriz, consultante; Mago, volumen de trabajo; Torre, imagen de la empresa; Justicia, temas legales; Templanza, tesorería; Rueda, resultados a final de año; Sol, los trabajadores.

Consultante

Posición de la carta. Podemos observar que nuestra consultante, que está representada por la Emperatriz, tiene una actitud activa respecto al tema que estamos preguntando, pues vemos que está en la hilera superior. Observamos que tiene poca visión del tema laboral, sólo ve un 30 % aproximadamente, esto nos indica que está centrada en algo muy concreto y que no está viendo todas las opciones que tiene, le aconsejaremos que amplíe su foco.

Nos está preguntando por el trabajo, y en su campo de visión no está el Mago, por lo que el volumen de trabajo no es lo que la trae a nuestra consulta. Pero sí que está viendo la carta de la Rueda y la Justicia, esto nos indica que los temas importantes pueden estar relacionados con el dinero y los temas legales.

Psicología de nuestra consultante. En estos momentos se está replanteando su futuro laboral (Juicio), están resurgiendo algunas dudas y miedos, aunque ella también confía en su intuición (Luna). Las cartas que tiene detrás nos indican que ha pasado por grandes cambios y transformaciones (Muerte) a las que tuvo que adaptarse (Templanza) haciendo grandes sacrificios (Colgado). En su base, la carta del Mundo nos dice que tiene un gran potencial creativo, que está abierta al mundo, sabe integrar los distintos elementos para poder sentirse realizada, aunque con la influencia de la Luna al lado, en estos momentos también tiene sus dudas e inseguridades.

Volumen de trabajo

Observando la carta del Mago, que representa las tendencias de su volumen de trabajo, en este caso veremos si tiene muchos pedidos y encargos en su fábrica de cerámica. Vamos a ver qué nos dicen las cartas que rodean al Mago. A primera vista, podemos observar que todas las cartas son positivas, esto ya nos deja tranquilas. Empezaremos mirando las cartas que tienen más influencia, que son las que tocan más la carta clave. La Sacerdotisa nos indica que en su trabajo tiene conocimiento y experiencia. El Sumo Sacerdote nos dice que está especializada y tiene cierto prestigio. Los Enamorados, que se implica, que es detallista, que sus productos son bonitos y que gustan a los clientes. El Emperador nos dice que el trabajo está bien organizado y que hay ambición, y el Sol que el trabajo que hace la empresa es brillante.

Si seguimos observando, nos damos cuenta de que al lado del Mago hay muchas cartas que representan a gente: Emperador, Sacerdotisa, Sumo Sacerdote y Sol. Esto nos dice que trabaja con bastante gente y que su trabajo tiene interés para muchos. Los Enamorados también nos dicen que puede tener más de un pedido o línea de negocio. La Sacerdotisa y el Sumo Sacerdote nos pueden indicar clientes importantes, que están contentos porque están tocando a la carta del Sol.

Temas legales

La carta de la Justicia es la que representa los temas legales y burocráticos de una empresa. En este caso, vemos que está en una de las conclusiones, esto nos indica que es y será un tema importante. Las cartas que más influencia tienen son el Loco y el Ermitaño. El Loco nos dice que puede tener algún tema legal debido a algún descuido o a alguna cosa que no ha hecho bien o por un despiste (Loco + Luna) y esto puede venir del pasado y puede que se alargue durante un tiempo (Ermitaño).

Resultados a final de año

Los miraremos con la carta de la Rueda. Las cartas que más influencia tienen son el Juicio y el Ermitaño. Tendrá que hacer un buen inventario de su situación económica (Juicio) porque hay cosas que no están claras o no se han tenido en cuenta (Luna) y esto ha hecho que los resultados sean más justos de lo que se había pensado (Ermitaño). La Luna, al estar al lado de la Rueda, también nos puede indicar dinero en «negro», que es aquel que no se contabiliza oficialmente para no tener que pagar impuestos.

Imagen de la empresa

La carta de la Torre es la que representa la imagen de la empresa y el local, si se tiene. Las cartas más importantes son la Estrella, el Loco y el Mundo. Es una empresa que tiene una buena imagen y que da la imagen de una empresa joven, con ilusiones y proyectos (Estrella y Loco). Con el Mundo puede que la empresa también se muestre al extranjero y nos refuerza esta buena imagen. Pero al tener al lado la Luna y el Loco, en estos momentos no se están mostrando tanto como debieran. La Templanza y el Colgado nos dicen que pueden estar a la espera o estar pendientes de empezar una nueva campaña de comunicación (Templanza).

Liquidez económica, efectivo, tesorería

La carta de la Templanza nos hablará de la liquidez económica de la empresa. Vemos que encima tiene la carta del Colgado, en estos momentos puede estar haciendo un sacrificio, no fluye mucho la liquidez, tiene alguna limitación o está pendiente de alguna entrada de dinero. Las cartas más importantes son la Fuerza, el Mundo, la Muerte y la Estrella. Aunque en estos momentos tiene ciertas limitaciones, está esperando que las cosas cambien (Muerte), que se muevan (Carro). A pesar de esto, podemos ver con la Fuerza y la Estrella que tendrá la capacidad para controlar el tema económico y que acabará fluyendo. Eso sí, pasará momentos de estrés y ciertas tensiones (Diablo) debido a algún imprevisto (Torre).

Trabajadores

Los trabajadores los representa el Sol. Las cartas más importantes son el Sumo Sacerdote, la Sacerdotisa y el Diablo. Podemos decir que la mayoría de los trabajadores son gente cualificada, con experiencia y con contratos estables que se sienten tranquilos y a gusto en la empresa (Sumo Sacerdote y Sacerdotisa), aunque puede haber algún cierto malestar (Diablo) por las limitaciones de tesorería que hemos visto y porque sienten que hay cosas que no se están contando ni comunicando (Templanza y Colgado). El Sol está al lado del Mago, los trabajadores se sienten cercanos a su puesto de trabajo y son laboriosos y resolutivos.

Viendo todos los puntos que hemos tocado, creo que el tema más importante es el de la liquidez económica. Me gustaría poder profundizar un poco más en él. Por lo que he decidido que haré las diagonales de futuro de la carta de la Templanza.

Diagonal inferior de la Templanza: Esas limitaciones de tesorería (Templanza y Colgado) pueden generar una crisis (Torre) y cierta incertidumbre (Luna), pero que acabará arreglándose porque el dinero entrará (Rueda).

Diagonal superior de la Templanza: Nuestra clienta será importante en este tema (Emperatriz), se preocupará, pero las cosas acabarán poniéndose en su lugar y encontrará su equilibrio (Justicia).

Conclusiones

Nuestra clienta tiene que tomar decisiones y tiene varios caminos por lo que puede optar (Enamorados) para poder aprovechar las oportunidades que se le presenten. En los temas económicos, tendrá que sortear temas de liquidez económica y tendrá que cuidar cómo los comunica (Templanza y Colgado). Pero las cosas se acabarán estabilizando y puede que sea bueno solicitar la ayuda de algún especialista en temas económicos o legales (Sumo Sacerdote + Justicia).

Trabajo por cuenta ajena

Cuando trabajamos por cuenta ajena, las prioridades y temas que tenemos que mirar son diferentes. El trabajador puede ser muy bueno, pero si la empresa cierra, él se queda en la calle. Por lo tanto, tendremos que mirar también la empresa.

Si nuestro consultante trabaja por cuenta ajena:

- **El Sumo Sacerdote** y **la Sacerdotisa** nos hablarán de los superiores, los que mandan, los que tienen experiencia y conocimientos. Pueden ser los propietarios o los jefes que están arriba.
- **El Emperador** y **la Emperatriz** son los mandos intermedios, o si la empresa es pequeña, cargos de confianza.
- **El Carro** y **la Estrella** son los más jóvenes o los que tienen menos experiencia.
- **El Sol** nos hablaría de los compañeros de trabajo.

Personajes para trabajo por cuenta ajena

Socios
Si no tienen socios pueden ser clientes importantes

Nuestro cliente

Trabajadores
Poca experiencia

Compañeros

Una vez que hemos interpretado los distintos personajes de la lectura, seguiremos mirando los otros temas claves:

- Mago = Veremos cómo desempeña sus obligaciones y su puesto de trabajo.
- Justicia = Su contrato o temas legales que puedan repercutir en el consultante.
- Sol, Carro, Estrella = Relación con sus compañeros.
- Torre = La empresa en general.
- Sumo Sacerdote o Sacerdotisa = Relación con el jefe.

Ejemplo de lectura para el trabajo por cuenta ajena

Nuestro consultante es un hombre de 47 años que trabaja en una multinacional del sector farmacéutico. Nos ha contado que corren rumores de una fusión de empresas y está preocupado por su futuro laboral en la empresa. Quiere saber cómo están las cosas y su evolución laboral.

Lectura de trabajo por cuenta ajena

Consultante

Posición de la carta. Nuestro cliente es el Emperador. Observamos que está en la hilera inferior, con una actitud receptiva, más bien pasiva, y en un momento de conservar y mantener. Desde su posición tiene una visión del 100 %, desde ahí lo ve todo. Si hay oportunidades podrá verlas e ir a por ellas, pero antes pensando y planificando, pues está en la hilera inferior. Esta posición también nos indica que siente que todavía tiene recorrido en esta empresa, fíjate que delante de él tiene todas las columnas por recorrer. Lo mismo sucederá con las dificultades que puedan aparecer. Podemos ver que nuestro cliente está en una esquina, por lo tanto, forma parte de las conclusiones, esto quiere decir que él es clave y es decisivo en la lectura y en la resolución del tema que nos plantea.

Psicología. La carta que tiene encima de su cabeza, el Mago, nos indica que está pensando en su trabajo y que lo tiene en mente. También, nos indica que es una persona inteligente, con recursos, resolutiva, sabe sacar el máximo partido de las circunstancias. Además, al tener al lado el Sol, este Mago queda potenciado. El Sol también nos indica que su mente es brillante, que tiene las ideas claras, tiene confianza en él mismo, se siente bien aceptado por los demás y tiene ganas de mostrarse. Delante –que es lo que él ve y cómo actúa– está la Fuerza, lo que nos indica que es un hombre fuerte física e interiormente, le gusta dominar las circunstancias y se siente capaz de conseguir lo que se propone. En general, podemos ver que nuestro consultante en estos momentos se siente seguro y fuerte respecto al tema laboral.

Creo que puede ser interesante hacer la diagonal del Emperador para ver su evolución dentro de la empresa.

Su diagonal de futuro: Dentro de la empresa podrá brillar y se sentirá seguro (Sol). Puede empezar algo nuevo, diferente (Loco), que le permitirá resurgir y resucitar (Juicio) dentro de la empresa y disfrutar (Enamorados). Si tiene que tomar alguna decisión, tiene a la Templanza, que le ayudará a comunicar y a fluir. Adquirirá más experiencia y sabiduría de la que tiene (Sacerdotisa), y esto le permitirá ganar más y evolucionar dentro de la empresa (Rueda).

Mago

Recordemos que para un trabajador por cuenta ajena, la carta del Mago representa su puesto de trabajo, su rutina, sus hábitos y su manera de hacer y trabajar. Por la pregunta que nuestro cliente nos ha hecho, esta carta quizás es una de las más importantes. Lo primero que vamos a hacer es ver qué cartas la rodean. A nivel general, podemos observar que las cartas que tienen más influencia (Sumo Sacerdote, Sol y Emperador) son positivas, y además tenemos la Fuerza y la Muerte en ambas esquinas. Como todas las cartas son positivas, esta Muerte no nos preocupa. Vamos a ver las tendencias del puesto de trabajo. Nuestro cliente tiene un trabajo estable, con cierto prestigio y responsabilidad (Sumo Sacerdote); organizado y que controla bien (Emperador); que hace bien y controla (Fuerza). Brilla y tiene compañeros que le apoyan o tiene subordinados. Puede haber ciertos cambios (Muerte) de cara al verano (Sol). Aunque también puede que haya algún cambio o despido de algún compañero o subordinado (Muerte + Sol). En este caso, los cambios no le afectan a él, la Muerte toca al Sol. También podríamos ver que hay un jefe (Sumo Sacerdote) que está arriba, en conclusión, pero mirando hacia fuera y detrás tiene una Muerte, puede que esté pensando en marcharse. La carta de la Muerte está muy bien rodeada (Sumo Sacerdote y Sol), puede que todos estos cambios sean positivos para nuestro cliente.

Justicia

Con la carta de la Justicia veremos su contrato laboral. Al observar las cartas que la rodean, vemos que los papeles no están tan bien como nos gustaría. Las cartas más importantes que la rodean (el Loco y la Torre) nos están indicando que hay algo que no acaba de estar del todo bien.

Podemos empezar por la carta que nos vaya mejor, en este caso yo empezaré por el Sol. Nuestro cliente piensa que el tema del contrato está claro (Sol) y que está controlado (Fuerza). Pero las cartas de la Torre + la Luna nos indican que en la empresa hay cosas que no están claras que pueden afectar a su contrato. Será bueno que lo revise con atención (Juicio) y tome decisiones, porque puede que haya dos contratos, podría estar indicándonos que habrá una revisión de contrato y que deberá estar atento para poder dirigir (Carro) bien el tema legal. El Carro con el Loco y la Muerte nos pueden indicar un cambio e inicio de contrato temporal, que será importante que un buen abogado (Sumo Sacerdote) se lo revise.

Sol carro y estrella

Estas tres cartas hacen referencia a compañeros o subordinados. Cuando miramos las cartas, vemos dos grupos. Uno con la Estrella y el Carro que están arriba y con buenas cartas, y otro con el Sol que están más cerca de él y con cartas no tan buenas. El Sol, por cercanía al cliente, puede ser el que nos interese más.

Nuestro Emperador está pensando en sus compañeros o subordinados, los tiene en la cabeza. Tendrán que tratar temas de contratos importantes, con la carta del Loco y la Torre puede que a algunos les rescindan el contrato (Justicia + Torre), a otros puede que los renueven por última vez (Loco + Muerte). Puede que contraten un abogado (Sumo Sacerdote) para que les ayude en su tema laboral (Mago).

Torre

Con la Torre veremos la empresa en general. Esta empresa está pasando por un momento difícil (Luna) y está intentado resurgir y renovarse (Juicio) tomando nuevas decisiones (Enamorados). Está analizando (Justicia) y aclarando temas (Sol) respecto a los trabajadores para poder ser más fuerte (Fuerza).

Sumo sacerdote/sacerdotisa

En este caso, vemos que, de ambas cartas, la más relevante y decisiva es el Sumo Sacerdote, que está en conclusión y encima del consultante. Hace referencia al jefe. Está arriba —esto es, activo—, pero no está viendo nada. Esto sólo puede ser por dos motivos: porque está enfocado en algo que en estos momentos nuestro consultante no es capaz de ver, o porque está mirando nuevos horizontes o por ambos motivos. No vemos que este personaje esté mirando a otro; en este caso, el Emperador no sirve porque es nuestro cliente, esto nos indica que no hay fusión. Detrás tiene la Muerte y el Sol, que nos indican que viene de hacer unos cambios que tenía claros y que pueden afectar a trabajadores. Debajo tiene el Mago, que nos indica que el trabajo es su base y que es un hombre de recursos. En su línea de abajo después del Mago está el Emperador, yo creo que cuenta con él para que pueda progresar dentro de la empresa.

Conclusiones

Las cosas se están moviendo, pueden presentarse oportunidades (Rueda) que le proponga el Sumo Sacerdote –que le está mirando– porque él quiere empezar a delegar. Nuestro cliente tendrá que reflexionar (Juicio) y tomar decisiones importantes (Enamorados) escuchando su corazón. Esto le permitirá progresar y asumir nuevas responsabilidades (Ermitaño) por largo tiempo. Y la última palabra la tiene nuestro cliente, que es el Emperador.

Sentimientos

> *¡Qué sería del tarot sin el amor! Igual el tarot no hubiese llegado a nuestros días. Los temas amorosos/sentimentales preocupan mucho porque muchas veces no está en las manos de uno y genera una incertidumbre que nos lleva a buscar respuestas fuera. Es aquí donde aparecemos los tarotistas. Es un tema delicado y le dedicaremos un buen espacio.*

La carta por excelencia del amor es la carta de los Enamorados. Por lo que creo que es importante recordar que cuando hacemos lecturas sentimentales, el primer significado que deberá tomar esta carta es la de «amor». En los últimos años estoy viendo una tendencia a tomar el significado de decisiones como primera opción cuando nos sale la carta de los Enamorados en temas amorosos.

Para que nos sea la interpretación más fácil, vamos a recordar algunas combinaciones con la carta de los Enamorados que nos pueden ser útiles:

- Enamorados + Templanza = Amor fluido, con comunicación, donde se protegen mutuamente.
- Enamorados + Fuerza = Amor fuerte, con pasión, inteligencia y proyección de futuro.
- Enamorados + Mundo = Amor pleno, satisfactorio, feliz.

- Enamorados + Sol = Amor cálido, con confianza, que da seguridad, amor brillante.
- Enamorados + Mago = Amor con muchos recursos, proyectos, amor que se trabaja.
- Enamorados + Rueda = Amor que avanza, evoluciona, alegre, divertido y que se renueva.
- Enamorados + Ermitaño = Amor duradero, de hace tiempo. Rutina.
- Enamorados + Juicio = Amor que resurge. Amor del pasado. Pedir perdón.
- Enamorados + Loco = Amor que empieza. Amor esporádico. Amor inestable.
- Enamorados + Colgado = Amor dependiente. Bloqueo sentimental. Amor sacrificado.
- Enamorados + Luna = Amor inseguro y poco claro. Falta de confianza. Amor oculto.
- Enamorados + Torre = Amor que desborda. Crisis sentimental.
- Enamorados + Muerte = Amor frío. Ruptura sentimental.

Cuando abordamos temas sentimentales, lo primero que deberemos tener en cuenta es si nuestro consultante tiene o no tiene ya pareja, pues los temas se miran de diferente manera.

Si una persona no tiene pareja y nos pregunta si le saldrá alguien

Lo primero que deberemos hacer es identificar cuál es la carta que le representa. Una vez hecho esto, buscaremos los posibles personajes del sexo opuesto (más adelante explicaré las relaciones homosexuales). En este caso, los personajes del sexo opuesto no los veremos por su edad, sino que los interpretaremos a través de su significado arquetípico. Si nuestra consultante es una mujer (*véase* imagen de la página siguiente).

El Sumo Sacerdote no lo veremos como un hombre mayor de 70 años, sino que lo veremos como una persona tradicional, seria y con valores, de la misma edad que la consultante o un poco mayor.

Emperador no lo veremos como un hombre de entre 30 y 70 años, lo interpretaremos como un hombre decidido, que sabe lo que quiere, que es organizado y ambicioso, de la misma edad o un poco mayor que nuestra consultante.

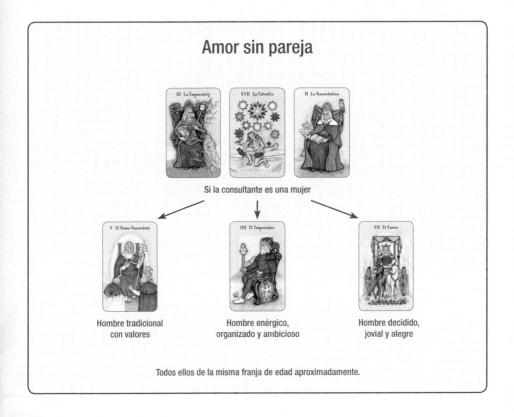

Amor sin pareja

Si la consultante es una mujer

Hombre tradicional con valores

Hombre enérgico, organizado y ambicioso

Hombre decidido, jovial y alegre

Todos ellos de la misma franja de edad aproximadamente.

Carro no lo veremos como un hombre menor de 30 años, lo interpretaremos como un hombre decidido, jovial y alegre, de la misma edad o un poco más joven que nuestra consultante.

Si nuestro consultante es un hombre, haremos lo mismo (*véase* imagen de la página siguiente). Primero identificaremos cuál es la carta que le representa y después buscaremos en la lectura las distintas figuras femeninas. Y éstas las interpretaremos como posibles «candidatas» con rasgos psicológicos distintos, sin tener en cuenta la edad.

La Sacerdotisa no la interpretaremos como una mujer mayor de 70 años. La interpretaremos como una mujer más bien tradicional, sabia, tranquila. Puede ser igual o un poco mayor que nuestro consultante.

La Emperatriz no la interpretaremos como una mujer de entre 30 y 70 años, sino que la veremos como una mujer sociable, segura, creativa, con dotes de mando y a la que le gusta disfrutar de la vida. Puede ser más o menos de la misma edad que nuestro consultante.

La Estrella no la interpretaremos como una mujer de menos de 30 años. La veremos como una mujer jovial, alegre, con ilusiones y gran vitalidad. De la misma edad o un poco más joven que nuestro consultante.

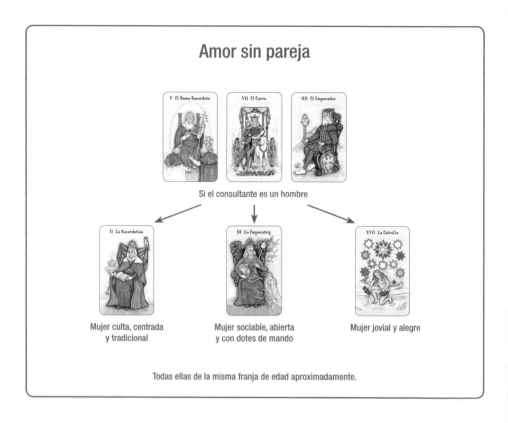

Amor sin pareja

Si el consultante es un hombre

Mujer culta, centrada
y tradicional

Mujer sociable, abierta
y con dotes de mando

Mujer jovial y alegre

Todas ellas de la misma franja de edad aproximadamente.

A la hora de interpretar, seguiremos nuestro protocolo. Primero tendremos que ver cómo está anímica y psicológicamente. Esta parte es básica y fundamental, porque la mayoría de las veces que la persona no encuentra pareja es porque la tiene que cerrar todavía algún tema sentimental, porque tiene una herida abierta, porque necesita estar solo, porque está enfadada interiormente. En estos casos, deberemos ayudar a nuestro consultante a darse cuenta de que tiene que hacer primero un trabajo personal.

Una vez analizado nuestro consultante y vistos sus puntos fuertes y débiles a nivel sentimental mirando las cartas que le rodean, buscaremos los tres personajes del sexo opuesto. Veremos si están cerca, lejos, si se miran, no se miran, qué cartas los separan, etc. Esto nos permitirá ver si hay uno, dos o ningún «candidato» posible.

Si no vemos a nadie, tendremos que observar qué es lo que está sucediendo, puede que todavía tenga que sanar alguna relación antigua, y entonces buscaremos la manera de orientarle. Si vemos que lleva mucho tiempo, tendremos que valorar la posibilidad de mandarlo a un psicólogo. O simplemente es que tiene que aprender a estar solo, y veremos cómo le orientamos para que haga este proceso de la mejor manera y le daremos también pautas para que pueda encontrar a alguien.

Ejemplo de lectura: ¿Encontraré pareja?

Nuestra consultante es una mujer de 37 años que tuvo una relación de 3 años que se rompió hace 9 meses y quiere saber si encontrará pareja.

Consultante

Posición. Nuestra consultante, la Emperatriz, está en la hilera del medio. Esto nos indica que se toma el tema sentimental con calma y tranquilidad. Desde su posición tiene una visión del 90 %, esto quiere decir que si tiene oportunidades podrá verlas. Además, en su campo de visión ve a dos personajes, el Emperador y el Sumo Sacerdote. Hace más o menos un año que ha empezado una etapa sentimental.

Psicología. Encima de su cabeza tiene la Justicia, que nos indica que quiere una relación con compromiso. Está valorando los pros y los contras de tener una relación sentimental y está buscando su equilibrio interno. La carta del Ermitaño nos indica que en el pasado se ha sentido sola, que ha podido reflexionar sobre lo vivido. Y al otro lado de la Justicia está la Fuerza, que nos indica que quiere una relación con compromiso y controlada (con garantía). Es una mujer inteligente y fuerte mentalmente.

Debajo, en su base, tiene la Estrella, lo que nos informa de que se siente joven, tiene ganas de vibrar, de ilusionarse. Detrás está el Carro, que nos indica que hace más o menos un año decidió tomar un nuevo camino con ganas y avanzar sentimentalmente. El Sol nos indica que tendrá la confianza suficiente para mostrase. Podemos observar que en la base hay tres cartas jóvenes, está conectada con esta energía. Y dos de estas cartas están desnudas, se muestra tal como es.

Delante tiene la carta del Diablo, tiene ganas de desear y ser deseada. Tiene magnetismo, capacidad de seducción, y manda unas buenas señales sexuales, esto le ayudará y le facilitará encontrar pareja. Conecta con sus instintos de manera sana, pues el Diablo está bien acompañado por la Fuerza –que controla los excesos– y por el Sol –que le da el calor y el brillo teniendo en cuenta a los demás–.

Detrás nos habla de su pasado. Ha tenido una ruptura (Muerte) con un Carro, que representa su pareja anterior. Con el Ermitaño está intentando cerrar esta etapa.

Para saber si le sale alguna pareja a nuestra clienta, tendremos que mirar si hay algún personaje masculino cerca, mirándola o en conclusión. Vamos a observar los distintos personajes que representan distintos arquetipos.

El Carro, este personaje, que es más bien alegre, dinámico, decidido y jovial, no nos sirve porque está detrás de ella. Está en su pasado con una Muerte encima. Vemos que hace referencia a la pareja del pasado con la que lo dejó. Aunque la consultante no le está mirando, esta situación le afecta, pues la está tocando. Además, el Carro al lado tiene la Estrella, puede que en estos momentos ya tenga una pareja. El Carro no nos sirve. Aunque es importante que ella acabe de cerrar o sanar esta relación del pasado.

El Sumo Sacerdote es un hombre más bien tradicional, estable, con valores y creencias. Está en el campo de visión de nuestra consultant, pero no está muy cerca, no la está mirando y además delante tiene la Sacerdotisa. Este Sumo Sacerdote no le presta atención, está prestando atención a otra. Éste tampoco nos sirve.

El Emperador es un hombre decidido, organizado y luchador. Él no está muy cerca, pero está en su misma hilera y se están mirando. Además, las cartas que los separan son favorables. Éste sí nos sirve. Entonces ya le podemos decir a nuestra clienta que hay un posible «candidato». Vamos a ver las cartas que los separan. Entre ellos hay atracción (Diablo), agrado (Enamorados) y ganas de empezar (Loco) una relación sentimental (Enamorados + Loco).

Vamos a ver un poco más de nuestro posible candidato. Para conocerle mejor, le miraremos anímica y psicológicamente. Para ver si le conviene o no, para que nuestra clienta pueda estar lo mejor informada posible, de esta manera podrá tomar mejor las decisiones.

El Emperador tiene encima de la cabeza al Sumo Sacerdote, es un hombre más bien tradicional, con valores y creencias y con gran capacidad de reflexión. En su cabeza él quiere y desea una relación estable (Sumo + Sacerdotisa). El Mago nos dice que está dispuesto a utilizar sus recursos para conseguirlo. Debajo tiene la Torre, sus bases y estructuras se han desmoronado por algún sacrificio que ha tenido que hacer en el pasado (Colgado). Ahora está intentando reconstruir sus bases sentimentales y quiere poder avanzar, progresar y mejorar (Rueda).

Detrás viene de un bloqueo sentimental (Luna + Colgado) con una mujer más bien tradicional (Sacerdotisa). Por lo que vemos, él también ha pasado su crisis y ahora está intentando empezar de nuevo. En este aspecto, es parecido a lo que está viviendo nuestra consultante. Delante tiene a los Enamorados y al Loco, quiere iniciar una nueva etapa sentimental. A ambos lados de estas dos cartas hay cartas de movimiento. El Mago tiene ganas de iniciar y de trabajarse y trabajar para conseguir una nueva relación. Y la Rueda nos habla de la capacidad de mover las circunstancias y aprovechar cualquier oportunidad para encontrar una pareja. Éste es el único candidato que vemos en la lectura. Ahora le tocará a nuestra consultante estar atenta a su entorno para poder ver esta oportunidad y así poder tomar la decisión que ella quiera.

Por último, vamos a ver las conclusiones que nos dicen a la pregunta si nuestra consultante encontrará pareja. El Ermitaño nos dice que es importante que cierre el pasado. El Juicio, que tome conciencia de su situación sentimental y que mire cómo ha llegado aquí y hacia dónde quiere ir. Que esté atenta a la llamada del amor. Porque con los Enamorados y el Loco, puede presentarse una posible aventura amorosa. Con el Carro, puede avanzar y progresar de manera fluida, con comunicación y puede sentirse protegida y proteger adaptándose a la otra persona (Templanza).

Si una persona ya tiene pareja

Tendremos que mirar cómo está esta pareja, tendremos que detectar los puntos fuertes para reforzarlos y ver si tenemos algún punto débil que debamos advertir.

Es muy importante que no nos dejemos manipular por el consultante. Y es más importante el no proyectar temas personales, son temas muy delicados que debemos mirar con distancia y dejarnos fluir de manera objetiva.

Tendremos que ver si los personajes que representan a la pareja están cerca, se miran, qué cartas los separan, cómo están cada uno de ellos. Todo esto nos dará una buena radiografía de cómo está la relación y de esta manera podremos orientar y aconsejar.

¿Cómo codificamos a la pareja? Como siempre, empezaremos teniendo en cuenta la carta que representa a nuestro consultante. Y su pareja será la pareja natural del tarot.

Si mi consultante es la Emperatriz, la pareja natural de la Emperatriz es el Emperador. Nos dará igual que su pareja tenga 80 años (Sumo Sacerdote) o que tenga 25 años (Carro). No tenemos una bola de cristal, lo único que tenemos es a nuestra consultante. Si mi cliente es el Carro, su pareja natural es la Estrella, nos dará igual que su pareja tenga 50 u 80 años. Y si nuestra pareja es el Sumo Sacerdote, su pareja natural es la Sacerdotisa, nos dará igual que su pareja tenga 40 años o 25.

Parejas naturales del tarot

Ejemplo de evolución de pareja

Nuestro cliente es un hombre de 49 años que lleva 7 años casado tiene una hija. Y quiere saber la evolución de su relación de pareja.

Consultante

Posición. Nuestro consultante está en la hilera superior, su actitud frente a la relación es activa. Desde su posición tiene poca visión de lo que está aconteciendo, sólo ve el 20 %. Está casi en un final de etapa, esto nos indica que puede estar sintiendo que a esta relación le queda poco recorrido.

Psicología. Delante tiene la carta del Ermitaño, ve que esta relación es un poco aburrida y rutinaria, que ya llevan mucho tiempo. Debajo, tiene dos cartas de movimiento, internamente siente que quiere evolucionar, divertirse, dar un giro a la relación (Rueda). Con el Carro se siente joven, tiene ganas de avanzar porque cree que el tiempo apremia (Ermitaño + Carro). En su pasado, vemos la Torre, nos habla de que ha pasado alguna crisis a nivel emocional que ha hecho que su mundo se tambalee (Mundo). Su diagonal del futuro es la carta del Carro, él necesita avanzar en la relación o irse.

También podemos observar que nuestro consultante y su pareja están distanciados emocionalmente, que no se miran, no se escuchan, no se atienden y que ven las cosas desde distintos puntos de vista. Nuestro consultante está más activo que ella.

Vamos a ver cómo está ella, cómo se siente.

Pareja del consultante

Posición. Ella está en una actitud más tranquila, está en la segunda hilera. También tiene poca perspectiva de la relación. Está en un final de etapa y puede estar viendo que a esta relación le queda poco recorrido.

Psicología. Nuestra consultante se siente triste, vulnerable y no tiene claro hacia dónde va la relación (Luna). Puede tener miedo a los cambios (Luna + Muerte). Está utilizando todos sus recursos para gestionar sus inseguridades. En el pasado, ella estaba enamorada (Enamorados). Ahora piensa en su hija y tiene nuevas ilusiones profesionales (Estrella + Mago).

En su base, antes se sentía fuerte y segura (Fuerza), ahora se siente sola, que se hace mayor (Sacerdotisa) y tiene la necesidad de hacer cambios radicales (Muerte). Detrás tiene el Diablo, ya no se siente deseada ni desea, la atracción, la química, ha quedado en el pasado. Las diagonales del futuro de ella son o trabajar la relación (Mago) o romper (Muerte). Vemos que ella tampoco está muy bien, vamos a ver qué nos dicen las conclusiones de esta relación.

Conclusiones. Es una relación de hace tiempo que ha caído en la rutina y necesitan investigar, perseverar y poner luz (Ermitaño). Es una relación que necesita el trabajo de ambas partes y tomar nuevas iniciativas, que dinamicen la relación (Mago). Es fundamental y clave que valoren pros y contras de esta relación, qué quiere y qué desea cada uno (Justicia) para poder tomar conciencia de dónde están y hacia dónde van y comunicarlo (Juicio). Con el Loco mirando hacia el interior de la lectura, tienen una oportunidad para iniciar algo nuevo con esfuerzo, y si no lo hacen así la tendencia es que esta relación se acabará de enfriar y puede que decidan romperla (Muerte).

Será importante que hablemos claramente, advirtamos y aconsejemos. En este caso, es vital que ambos se miren y puedan hablar.

Crisis de pareja

En este apartado aprenderemos a detectar las dificultades que pueden surgir en una pareja y a orientar a nuestros consultantes.

Siempre empezaremos haciendo una lectura general para ver cómo está la pareja, en ésta tendremos que fijarnos en los dos personajes de la pareja, él (Emperador) y ella (Emperatriz); veremos si están cerca o lejos, si se miran o no, esto nos indicará el nivel de comunicación y quién de los dos manda en la relación. También miraremos las cartas que los rodean a cada uno de ellos, esto nos dirá cómo están (delante), en qué piensan (arriba), qué temen o no ven (detrás) y cuál es la base de cada uno.

A partir de esta fase inicial podremos ver si hay o no hay realmente alguna posible dificultad y tendremos que concretarla.

Crisis y ruptura de la relación de pareja

Los motivos de crisis de una pareja pueden ser muchos, pueden ser internos o por causas externas. Cuando no pueden solventarse, las relaciones acaban rompiéndose. A continuación, veremos algunos de estos motivos y cómo interpretar un divorcio.

Motivos de crisis. Cómo detectarlos

A partir de que hayamos visto un distanciamiento o alguna dificultad mirando lo que hemos dicho en el apartado anterior.

Motivos de crisis internos de la pareja:

- Rutina y aburrimiento: Ermitaño.
- Diferencias en la evolución, cada uno ha seguido un camino: Carro + Luna.
- Falta de comunicación: Templanza + Colgado.
- Falta de ilusión: Estrella + Luna/Ermitaño/Colgado.
- Falta de química: Diablo + Colgado.

Una vez detectados estos problemas, veremos si es algo pasajero (Loco), si nos va a costar (Ermitaño) o el tema ya está muerto (Muerte), en este último caso poco podremos hacer.

Motivos de crisis externos de la pareja:

- Trabajo. Mago rodeado con malas cartas. O con muy buenas cartas que requieren y reclaman mucha atención por parte de uno de los dos.
- Familia. Dificultades con los padres (Sumo Sacerdote y Sacerdotisa) o con los hijos (Carro, Sol o Estrella). El Diablo nos indicará la complicación.
- Salud que afecte a uno de ellos.

Otros motivos de crisis:

- **Malos tratos físicos:** Emperador o Emperatriz (maltratador) + Torre (que pierde el control y transgrede) + Diablo (perjudicando).
- **Malos tratos psíquicos:** Emperador o Emperatriz (maltratador) + Torre (que pierde el control y transgrede) + Diablo (perjudicando) + Luna (porque no se ve).
- **Infidelidad:** Aquí veremos a un Emperador o Emperatriz que no mira, no está cerca y se está fijando en otro personaje. Enamorados + Luna (amor oculto). Éste es un punto muy delicado, y antes de decir cualquier cosa deberemos estar seguros. Además, a veces la persona que tenemos delante no está preparada para que le digamos según qué cosas y deberemos advertirla con tacto y no explícitamente. Aquí tendremos que detectar:
  – Si ha habido alguna relación o sólo hay tracción. No está el Diablo cerca. Sólo está «colgado» de la otra persona. Carta del Colgado.
  – Si es una relación sólo pasajera (Enamorados + Loco = Pasajero, Enamorados + Muerte = Se acaba rompiendo, Enamorados + Torre = Se acaba). En estos dos últimos casos debemos ir con cuidado porque puede dejar una huella que afecta a la persona emocionalmente. O el Emperador con la Estrella.
  – Si es una historia que puede ser más larga. Enamorados + Justicia, o el Emperador con la Sacerdotisa.

Posibles soluciones en función del problema:

- Templanza + Mago = Hablar y buscar soluciones.
- Sumo Sacerdote = Buscar un terapeuta de pareja.
- Mago + Ermitaño + Enamorados = Buscar rutinas que favorezcan la relación (salir a cenar un día al mes, etc.).
- Sacerdotisa = Buscar un psicólogo personal para que nos ayude a aclarar nuestros sentimientos y nos dé herramientas.
- Carro + Loco = Una escapadita de fin de semana.
- Juicio + Justicia = Analizar y renovar el compromiso.
- Enamorados + Rueda = Darle chispa y hacer cosas divertidas y diferentes.

Divorcio:

Hay veces que observamos que la relación claramente no funciona, o que el cliente viene directamente a preguntar por el divorcio. O que quiere saber cómo le iría si se divorciase.

En este caso, la carta que hace referencia al divorcio es la carta de la Justicia:

- Justicia = El divorcio.
- Justicia + Templanza = Mutuo acuerdo.
- Justicia + Ermitaño = Largo y pesado.
- Justicia + Diablo = Complicado y estresante.

Pero deberemos mirar muchas otras cosas para informar al consultante de manera que pueda tomar buenas decisiones:

- **Custodia de los hijos:** Miraremos de quién están más cerca, del padre o de la madre. Si sale el Sumo Sacerdote, quiere decir que lo decidirá el Juez.
- **Quién se queda en la casa:** Miraremos quién está más cerca. Si sale la Rueda, puede ser que tengamos que venderla y repartir.
- **Pensión alimentaria Templanza** (si hay hijos): La pensión alimentaria es aquel dinero que se da para la manutención de los hijos. Son las cartas que rodean a la Templanza. Aquí veremos si pagará con puntualidad (Mundo), con retraso (Ermitaño), cuando quiere (Loco), no pagará (Colgado). En caso de complicaciones, deberemos mirar también cómo reclamamos (Juicio) y justicia.
- **Pensión compensatoria** (si la mujer no ha trabajado): Rueda.
- **Abogados:** Si cada uno tiene su abogado, la Sacerdotisa representará a los abogados de ella y el Sumo Sacerdote los abogados de él.
- **Los hijos** (Estrella, Carro y Sol) deberemos mirar las cartas que los rodean y de quién se sienten más cerca.

Ejemplo de lectura para ver un divorcio

Nuestra clienta es una mujer de 42 años que se quiere divorciar. Quiere saber cómo irá el divorcio, quiere saber si se quedará con la custodia de su hijo, si su marido le pagará la pensión. Y quién se quedará con la casa que compraron hace 5 años.

Consultante/Emperatriz

Posición. La Emperatriz está en la hilera superior, está activa respecto al tema del divorcio. Desde su posición no ve nada, no tiene perspectiva. Sólo ve la Templanza y al Carro (intenta proteger a su hijo). Siente que ha terminado una etapa. Está en una de las conclusiones, quiere decir que ella es clave y decisiva, que puede hacer de más y de menos.

   Psicología. Detrás tiene la Muerte y el Diablo, el cambio que le estresa y todas las tensiones y dificultades que ha vivido que todavía le afectan. Debajo tiene el Diablo y la Templanza, estas dos cartas son las dos energías entre las que se está debatiendo. En un pasado estaba más dolida y quizás quería venganza, pero ahora está un poco más por la labor de llegar a algún acuerdo. Aunque sólo sea por proteger a su hijo.

Pareja del consultante/Emperador

Posición. El Emperador está en la hilera superior, también está activo. Ve poco de la lectura, tiene poca visión, pero ve un poco más que nuestra clienta. Siente que todavía le queda un poquito por terminar su etapa de relación.

Psicología. Delante tiene la carta del Juicio y del Sumo Sacerdote, se está replanteando lo sucedido y reflexiona sobre ello, cómo es que las cosas han llegado hasta este punto. Se da cuenta de que se está haciendo mayor. El Sumo Sacerdote representa a su abogado, con el que está manteniendo conversaciones y estudiando (Sacerdotisa) el tema. En su pasado ha visto que su mundo ha hecho aguas (Luna + Mundo).

Al observar la pareja podemos ver que están de espaldas, no se escuchan, ni se comunican, ven las cosas desde distinto punto de vista. No vemos una actitud favorable para llegar a un acuerdo.

Justicia/Divorcio

La Justicia nos indicará cómo tienden a ir los temas legales y burocráticos para el divorcio. Vemos que está en una posición relevante, está en conclusión. El tema puede ser lento, pues al lado tiene la carta del Ermitaño. Pero vemos que los abogados de ambas partes pueden llegar a algún acuerdo.

Abogados/Sumo Sacerdote, Sacerdotisa

Como ya hemos comentado, los abogados de ambas partes podrán llegar a un acuerdo, están cerca y se miran. Ambos están debajo de sus clientes, quiere decir que acatan sus órdenes.

Serán los abogados de nuestra clienta (Sacerdotisa), que se dirigirán hacia el Emperador y sus abogados para poder llegar a un acuerdo. Nuestra clienta preferirá mantener la distancia. La Sacerdotisa se mostrará firme en sus demandas, encima tiene al Emperador y debajo tiene al Ermitaño, que nos puede indicar que son las mismas propuestas de tiempo atrás. El Sacerdote está acompañado de dos cartas de reflexión. La Justicia, que es el divorcio, al estar cerca del Emperador, nos indicaría que lo ha pedido. Y con la carta del Juicio está dispuesto a replantear y revisar algunos temas.

Hijo/Carro

El Carro también está en conclusión, es clave y decisivo en el tema que tratamos. Está más cerca de la madre, esto nos podría indicar que sería la madre la que se quedaría con la custodia del hijo. Además, esta cercanía también nos puede indicar que el niño prefiere estar con su madre. Al tener la carta del Loco delante, nos dice que irá de una casa a la otra, que aunque se quede con su madre también tendrá que ir de un lado a otro, y tendrá que pasar algunos días con el padre.

Podemos ver que el hijo se siente inestable (Loco) y estresado (Diablo). Será importante que avisemos a nuestra consultante. La Templanza nos indica que se siente protegido, que se comunica con su madre. Pero no lo hace siempre de la mejor manera (Templanza y Diablo), puede comunicarse de manera estresada o con cierta agresividad, esto es porque se siente desconcertado (Loco).

Casa/Torre

La casa también es un tema importante, está en el centro y en la conclusión. Encima tiene la carta de la Rueda, que nos habla de dinero. Y la Torre está en la mitad de la lectura, no está cerca de ninguno de ellos y encima tiene la Rueda. Esto nos podría indicar que la casa se venderá. El resto de las cartas que la rodean son positivas, nos indica que puede ser una casa grande, soleada (Mundo y Sol). Tiene muchas posibilidades y puede estar en la naturaleza (Estrella). Y con el Mago + la Luna puede que se tenga que hacer algún arreglo. Tiene dos de las mejores cartas (Mundo y Sol), dos cartas de luz (Sol y Estrella) todo esto nos indica que la pueden vender por un buen precio.

Pensión alimentaria/Templanza

La Templanza representa el dinero que pagaría el padre para el mantenimiento del hijo. En este caso, lo miramos así porque hemos visto que el hijo está cerca de la madre. Podría darse el caso que fuese al revés.

La Templanza está al lado de la Emperatriz y del Carro, esto nos indica que sí les llegará el dinero. Pero el Diablo al lado nos dice que a veces el tema puede complicarse, que con la Muerte y el Loco puede tender a despistarse y dejar de pagar. Entonces entrarían en conflicto y ella tendría que luchar para defender lo pactado.

Conclusiones

El Juicio nos dice que se están replanteando las cosas, están reclamando y que es un buen momento para darse cuenta de qué es lo que ella quiere. La Emperatriz está de espaldas y no ve que tendría que saber qué es lo que quiere. El dinero y la casa son temas clave y decisivos para poder cerrar el tema del divorcio (Justicia). El hijo también es clave y decisivo. El Carro asimismo nos indica que el tema se puede encarrilar y llevar a cabo con cierta diligencia si nuestra consultante logra confiar y delegar en sus abogados (Sacerdotisa).

El sexo

Cuando miramos temas de pareja, todos sabemos que hay tres pilares fundamentales: las emociones o sentimientos, la mente y el sexo. Cuando uno de estos tres pilares no fluye con normalidad, puede ser un síntoma de que algo no va bien. Nuestro deber, como tarotistas, es mirar qué es lo que puede estar sucediendo y advertir y orientar a nuestro consultante.

*E*s frecuente encontrarnos en la consulta con personas que nos preguntan por el sexo, porque no se sienten satisfechos. Por eso vamos a ver cómo podemos ver estos temas con el tarot. Empezaremos explicando las disfunciones más habituales y cómo las podemos codificar. Recordemos que nosotros no somos médicos, y por lo tanto, sólo es a nivel orientativo, para poder saber qué es lo que está sucediendo, si hay una falta de deseo, un desenamoramiento o hay alguna disfunción. Si fuese así, deberíamos dirigir a nuestro cliente al especialista.

Disfunciones sexuales

La carta que representa al sexo es la carta del Diablo.

Las disfunciones sexuales masculinas más frecuentes:

- Disfunción eréctil o impotencia. Incapacidad de tener una erección. La carta: Diablo + Colgado.
- Eyaculación precoz. Diablo + Torre.
- Eyaculación retardada. Diablo + Torre + Ermitaño.
- Anafrodisia. Falta de deseo. Diablo + Colgado.

Las disfunciones sexuales femeninas más frecuentes:

- Anorgasmia. Incapacidad para tener orgasmos. Diablo + Luna.
- Anafrodisia. Falta de deseo. Diablo + Colgado.
- Vaginismo. Diablo + Torre.
- Sequedad vaginal. Diablo + Muerte.

Cuando veamos alguna dificultad sexual, en primer lugar deberemos fijarnos muy bien cómo se encuentra nuestro consultante psicológica y anímicamente. Después:

- Si tiene pareja: Miraremos cómo les va la relación a nivel de sentimientos, a nivel mental y de convivencia. Las dificultades sexuales a veces son simplemente físicas, pero la mayoría de las veces tienen relación con las emociones. Si conseguimos ver qué es lo que sucede en la relación de pareja, esto puede arreglar la disfunción o ayudar mucho a ello.
- Si no tiene pareja: Tendremos que ver si la disfunción es la causa o si ha tenido una mala experiencia anterior que sea el motivo de ésta.

Indicaciones para la interpretación:

- Cuando alguien con pareja nos pregunta por la sexualidad de la pareja, los miraremos a cada uno de ellos individualmente con la carta que les corresponde y el Diablo nos hablará de la sexualidad de la pareja.
- Si existen problemas en la pareja, deberemos ver quién es, porque el Diablo estará más cerca de uno que de otro, y las cartas que los rodean a ambos nos lo dirán.
- Cuando vemos que una persona concreta puede tener problemas sexuales, o cuando tenemos que mirar la sexualidad de una persona concreta o de una de las partes de la pareja. Entonces miraremos la persona y el Diablo nos hablará de la sexualidad de la persona.

A continuación, voy a explicar los 22 arcanos mayores y alguna de sus interpretaciones y consejos a nivel sexual. Esto nos podrá ayudar a la hora de hacer interpretaciones.

Mago

El Mago tiene iniciativa y muchos recursos a su alcance. Tiene un buen deseo sexual que sabrá comunicar y compartir con su pareja. Posee un montón de ideas para poder llevar a cabo. Sus manos son juguetonas y buenas para los masajes. Necesita estímulos nuevos y no lleva bien la rutina.

- Lote variado. El Mago tiene todos los recursos, así que dispondrá de un amplio surtido para disfrutar de sus relaciones, en el que no faltarán masajeadores, aceites para dar masajes o preservativos de formas y colores.

Sacerdotisa

La Sacerdotisa representa la madurez sexual, en la que se valora más la calidad que la cantidad. Representa la experiencia. Es selectiva no entiende el sexo a cualquier precio ni de cualquier manera. Sus necesidades sexuales son tranquilas. Y a estas alturas valora muchas otras cosas, necesita sentimientos, sin ellos no entiende el sexo. Sabe controlar sus instintos, que ya están calmados.

- Libros para instruirse en el tema. Consolador. La suma representa el conocimiento y todo aquello que se puede aprender, así que a nivel sexual dispondrá de una amplia biblioteca donde instruirse y aprender todo lo relacionado con el arte de amar. Como además es una mujer segura de sí misma y que no necesariamente querrá tener un hombre a su lado, puede que tenga entre sus pertenencias algún consolador. A ella no le hace falta nadie.

Emperatriz

La Emperatriz representa la sexualidad en su esplendor. Posee una gran energía sexual y una gran pasión. Le gusta disfrutar plenamente de sus sentidos y no escatimará esfuerzos para llegar a satisfacer sus necesidades. Sabe cómo seducir y como hacer vibrar a sus acompañantes. Se entregará totalmente.

- Lencería fina. La Emperatriz es una mujer que disfruta plenamente de su sexualidad y le gusta hacerlo desde el glamur, así que para ella será imprescindible un fondo de armario con amplia variedad de lencería fina y muy sugerente, seguro que de gran calidad, y entre la que no faltaran una bata de seda negra o un ligero que resalten su gran feminidad y clase.

Emperador

El Emperador, igual que la Emperatriz, está en la plenitud sexual, pero más activo, está decidido y capacitado para conquistar. Pondrá toda su energía, que es mucha, para satisfacer sus necesidades. Posee un gran instinto sexual y una gran pasión. A veces puede ser brusco. Y puede ser un buen representante del «aquí te pillo aquí te mato».

- Anillo estimulador. Al Emperador realmente no le hacen falta complementos, ya que él es capaz de complacer perfectamente a sus parejas, por eso si utiliza algún complemento, será uno destinado a hacer que su pareja disfrute al máximo.

Sumo Sacerdote

El Sumo Sacerdote, igual que la sacerdotisa, tiene sus instintos sexuales más calmados. Su sexualidad es más tranquila, no necesita tanta cantidad, pero sí un poco más de tiempo, que normalmente sus acompañantes suelen agradecer. Es un caballero y sabe hacer sentir bien a sus parejas. Necesita comodidad y la rutina le ayuda.

- Películas para estimularse. Con el Sumo Sacerdote veremos unas necesidades sosegadas, por ello, unas cuantas películas subidas de tono serán el preámbulo perfecto con esta carta.

Enamorados

La carta de los Enamorados a nivel sexual simboliza la sublimación de los sentimientos. La entrega a la otra persona por amor. Hay mimos, sensibilidad, romanticismo, detalles y mucho cariño. Aquí los sentimientos son los que hacen vibrar y vive la sexualidad como la expresión del amor que hace que sea muy especial.

- Pétalos y velas. Con la carta de los Enamorados necesitaremos una gran dosis de romanticismo, ya que el amor estará presente en cada instante, así que su complemento perfecto serán unas cuentas velas repartidas por toda la estancia y pétalos de rosa sobre la cama.

Carro

El Carro representa el inicio de la carrera sexual, en la que hay muchas ganas, muchas hormonas, pero que aún debemos ganar experiencia. Donde no llega la experiencia llegan las ganas y la voluntad. Le pueden fallar los preliminares, pero lo puede suplir con la cantidad. Tiene gran apetencia sexual que intentará saciar. El acto sexual suele ser rápido y puede ser en cualquier lugar.

- Preservativos de sabores. El complemento perfecto para esta carta son los preservativos de sabores, que nos permiten experimentar nuevas sensaciones. Además, con el Carro siempre llevaremos un par encima, ya que lo que le falta de experiencia lo suple con ganas y entusiasmo.

Justicia

A la Justicia a veces le cuesta dejarse llevar, tiende a analizarlo todo y a nivel sexual le puede faltar un punto de fuego y espontaneidad. Espera la pareja perfecta y el sexo perfecto. Necesita cierto compromiso. A nivel sexual necesita una pareja que pueda aportarle lo que ella está dispuesta a dar. Lo pensará y planificará todo, necesita un buen escenario y un lugar agradable. Se arreglará y se preparará hasta el último detalle y espera que la otra persona también lo haga.

- Una pluma. Con la carta de la Justicia veremos como complemento una pluma, con ella puede jugar y divertirse, es un elemento en consonancia con ella, con estilo, pero siempre necesitara ese escenario perfecto.

Ermitaño

El Ermitaño no es una de las mejores cartas a nivel sexual. Primero no está por la labor, está buscando la luz interior, los temas físicos e instintivos los ha superado. Emocionalmente, es poco comunicador. A nivel sexual, puede significar que tiene poco apetito sexual y le cuesta ponerse en marcha. También simboliza aquel sexo que se hace por rutina o por obligación en el que hay poca pasión y es más bien poco expresivo.

- Consolador. Con el ermitaño el complemento perfecto es un consolador, ya que por un lado es poco sociable y le cuesta relacionarse, y por otro nos habla de la necesidad de conocernos a nosotros mismos.

Rueda de la Fortuna

La Rueda es una carta que sexualmente está abierta a cosas y experiencias nuevas. Le gusta divertirse y necesita variedad y cantidad. Con esta carta, nuestra sexualidad se pone en movimiento y aprovecha las oportunidades que se le acercan. Puede hablarnos de variedad de personas, compañeros cambiantes. Sexo con varias personas a la vez. Con esta carta también podríamos ver aquella persona que experimenta con personas del mismo sexo. Bisexualidad.

- Dados de posturas. El complemento perfecto para la Rueda son los dados, nos hablan de una experiencia divertida, diferente, donde el azar es clave, son un complemento perfecto para evitar la rutina y experimentar lo inesperado.

Fuerza

La carta de la Fuerza, como su nombre indica, posee una gran fuerza sexual que está controlada por la mente. Nos puede costar un poco soltarla porque no lo hace hasta que está segura de que la persona con la que va a compartir sea la adecuada. Le puede costar un poco soltarse, pero cuando lo hace puede llegar a sorprendernos. Este control también puede ceder con una copa que nos ayude a desinhibirnos.

- Unas copas de champán. Con la carta de la Fuerza, unas copas de champán serán el complemento ideal, ya que le permitirán relajarse y finalmente desinhibirse, para que pueda salir su parte más instintiva y dejar de lado el autocontrol, lo que nos garantizará un encuentro muy apasionado.

Colgado

El Colgado no es una carta muy favorable a nivel sexual. Aquí existen barreras, bloqueos. Los deseos sexuales casi no existen. No estamos preparados para compartir con los demás, puede indicar masturbación. Sexualmente esta carta nos indica falta de deseo. La única salida positiva sería el sexo tántrico, visto como una experiencia espiritual.

- Sexo tántrico. El Colgado representará esa parte más espiritual, y con el sexo tántrico encontramos esa conexión entre lo pasional y lo espiritual, una relación en la que unimos nuestro yo interno con nuestros deseos, instintos y el cosmos, y donde los fusionamos para vivir una experiencia llena de magia y espiritualidad.

Muerte

La muerte a nivel sexual nos habla de cambios, si hasta ahora has tenido mucho sexo, igual te quedas sin él; si no lo has tenido, encuentras tu pareja ideal y te pones las botas. Cambian nuestras necesidades, nuestros gustos, nuestras parejas.

- Cubitos de hielo. La carta de la Muerte siempre es un símbolo de cierta frialdad, por eso, con esta carta podemos recurrir a unos cubitos de hielo o *sticks* frescos que, al pasar sobre la piel de nuestro compañero, hará de esos cambios de temperatura algo realmente agradable.

Templanza

La Templanza sexualmente nos habla de intercambio de sentimientos y de fluidos. Buen entendimiento sexual, el uno está pendiente del otro. Hay comunicación sexual, sabemos expresar nuestros deseos y escuchamos los deseos sexuales de la otra persona. Nos adaptamos y fluimos sexualmente. Aprecia los estímulos auditivos.

- Aceites afrodisíacos. Con la Templanza utilizaremos aceites afrodisíacos tanto para masaje como para consumo. Con esta carta, la única norma es dejarse llevar, y qué mejor que hacerlo cuándo realizamos un buen masaje con el aceite adecuado.

Diablo

Esta carta representa la libido, el deseo sexual en sí. Si hay una carta sexual es ésta. Con ella debemos estar preparados a tener experiencias fuertes y necesita entrega total. La pasión al máximo. Tiene gustos fuertes, con el Diablo podemos encontrar gustos sadomasoquistas, les gusta el cuero y los juegos fuertes.

- Esposas y cuero. Con el Diablo buscaremos nuevas experiencias y muy intensas, por ello, unas esposas que nos den el control o algo de ropa negra de cuero que nos ponga en escena serán ideales para experimentar este rol más atrevido.

Torre

La Torre, sexualmente, nos puede hablar de un sexo difícil de controlar, puede ser imprevisible. Pero también nos habla que deberíamos liberarnos de bloqueos, prejuicios y experiencias pasadas. Con esta carta debemos ir con cuidado porque podemos encontrarnos con situaciones que no esperábamos, que pensemos que vamos a una cosa y nos encontremos otra.

- Vela de cera. Con la Torre utilizaremos esas velas románticas que al deshacerse se convierten en aceite y que podemos dejar caer sobre la piel de nuestra pareja para disfrutar de una experiencia diferente gracias a su aroma y textura.

Estrella

La Estrella simboliza la química sexual, las señales, las feromonas que nos despiertan el apetito. Nos habla de un sexo con ilusión con ganas, con romanticismo y detalles. Nos mostramos como somos y la otra persona nos entiende sin que tengamos que decir nada. Una sexualidad en la que estamos dispuestos a ver las estrellas.

- Fresas con nata. La Estrella es ingenuidad e ilusión, así que su complemento perfecto será un buen recipiente de fresas con un poquito de nata, con el que podremos jugar, dárnoslas a probar… Un complemento perfecto donde el romanticismo y la química van de la mano.

Luna

La Luna nos habla de una sexualidad poco clara y llena de fantasías que a veces cuesta sacar a la luz. Miedos y prejuicios que nos vienen dados por una educación muy represiva. Si conseguimos superarla, podremos dejarnos fluir, y entonces aflorará el romanticismo y nuestra sensibilidad en este ámbito. En el mar, en la bañera o a la luz de las velas pueden ser nuestros lugares favoritos.

- Bañera. Claramente con la carta de la Luna cualquier lugar en el que estemos rodeados por agua será perfecto. En este caso, os recomendamos una buena bañera de hidromasaje y con una iluminación tenue que despierte vuestra parte más sensible e intuitiva.

Sol

El Sol es una carta de carisma y seguridad a nivel sexual. Sabe lo que quiere, sabe que es buen amante, tiene un magnetismo especial. En el sexo es brillante y exitoso. Produce abundantes placeres a su pareja. Nos sabrá hacer sentir bien y disfrutaremos. Puede gustarle hacer fotos o grabar, tendremos que ir con cuidado en este aspecto. Prefiere la luz encendida y los espejos en la habitación le encantan.

- Sábanas de seda y espejos. Con el Sol querremos dos cosas: un ambiente de «lujo» donde unas buenas sábanas de seda en tonos dorados o rojos harán nuestras delicias, y unos cuantos espejos donde poder ver nuestra imagen reflejada por toda la habitación.

Juicio

La carta del Juicio nos puede llevar a descubrir nuevas sensaciones y placeres sexuales. Interés renovado por la sexualidad, un nuevo despertar. Después de un tiempo de letargo, nos renovamos. Un sexo que resucita a los muertos, con gemidos y ruidos que pueden despertar a los vecinos. Es momento de tomar conciencia de nuestras necesidades sexuales, que nos reclaman atención.

- Venda para los ojos. Con una venda en los ojos redescubriremos por completo las sensaciones, los olores… Cada gesto y cada palabra cobrarán un nuevo sentido que nos permitirá vivir una experiencia completamente nueva, ésta es la magia de la carta del Juicio, la capacidad de descubrir nuevamente todo lo relacionado con nuestra sexualidad.

Mundo

Nos habla del éxtasis sexual de la realización total. Nuestra satisfacción sexual es plena porque tiene todo lo que le hace falta: sentimientos, comunicación, voluntad y esfuerzo. Nos sentimos realizados sexualmente.

- Gel estimulador del orgasmo. Con la carta del Mundo vemos el éxtasis total de nuestras relaciones, un gel estimulador del orgasmo nos permitirá disfrutar de una forma aún más plena y, por descontado, durante más rato, lo que hará que el éxtasis sea algo digno de recordar.

Loco

La carta del Loco es lanzada y atrevida sexualmente, aunque en el fondo a veces no tiene las cosas claras y le puede llevar al desastre. Busca experiencias nuevas y está dispuesto a cualquier cosa. No sabe lo que quiere, pero está dispuesto a experimentar. Su lema es «lo que surja». Sexualmente es alegre y sabe improvisar, no quiere ataduras, quiere sentirse libre.

- Disfraces. Con el Loco, buscaremos nuevas experiencias donde nos gustará sentirnos libres y sin prejuicios, y qué mejor manera que disfrazándonos y dando rienda suelta a nuestra imaginación, improvisando y dejándonos llevar por la personalidad de cada disfraz.

Con este recorrido sexual por los 22 arcanos, ya tenemos algunas sugerencias que nos pueden ser útiles para poder aconsejar a nuestros consultantes. A continuación vamos a poner un ejemplo de lectura.

Ejemplo de lectura del sexo

Nuestra clienta es una mujer de 44 años que ha venido a hacerse una lectura general y el tema sentimental era lo que más le preocupaba. Mientras estábamos haciendo la lectura, nos ha comentado que su sexualidad no era satisfactoria y nos ha pedido consejo.

Lectura de sexo

Consultante/Emperatriz

Posición. La Emperatriz está situada en la hilera del centro, esto indica que se toma el tema con tranquilidad. Tiene una visibilidad del 90 %, lo que indica que tiene una buena perspectiva y las cosas que nos dice son reales.

Psicología. Las cartas que la rodean: En la cabeza tiene la Luna, que nos indica que es un tema que le preocupa, aunque con la Estrella tiene confianza en que se arregle. Nos puede indicar que le falta ilusión, chispa. También puede sentirse preocupada porque ya no es tan joven. Y detrás no sabe por dónde tirar. Delante tiene la Justicia, que está pensando y analizando lo que pasa. Puede sentir que su compromiso puede tambalearse, al lado de la Justicia está el Loco. Debajo, el Juicio nos dice que está tomando conciencia de que las cosas no son como ella cree que deberían ser (Loco y Justicia). Detrás tiene la Rueda y el Carro, que son lo que no ve, no sabe cómo mover el tema y tampoco quiere ver el Sumo Sacerdote, que sería un especialista o un mediador que la podría ayudar.

Pareja de la consultante/Emperador

El Emperador, situado en la hilera inferior, está pasivo y con una visibilidad del 80 %. En la cabeza tiene recursos (Mago) pero en este momento está colapsado (Torre), estas dos cartas también pueden indicarnos que en la cabeza tiene el trabajo y la empresa. Delante, está intentando controlar estos temas. Detrás está el Diablo, que en estos momentos no lo ve, o no quiere ver, porque está atendiendo otros temas. El sexo no es su prioridad. El Ermitaño nos dice que ya lleva tiempo así y que la rutina puede ser uno de los motivos.

Si los **miramos a ambos,** vemos que la mujer está más activa sexualmente, porque está en la hilera superior, que él. Lo bueno es que los dos se están mirando y pueden hablar de ello, lo que se interpone entre ambos es el trabajo, la empresa y los temas legales.

Sexo. Diablo, observamos que está más cerca del Emperador, y además con la carta del Ermitaño, nos indica que en este caso es él el que no tiene ahora deseo sexual, pero sí vemos que hay sentimientos (Enamorados) y son estables (Sacerdotisa). Él tiene los recursos y la fuerza física para poder tener unas buenas relaciones sexuales cuando pueda aparcar el tema laboral. Las dos cartas de personajes mayores, la Sacerdotisa y el Ermitaño, nos dicen que el tema sexual lo tienen bastante abandonado. Si nos fijamos bien, tenemos el Mago, que es la carta que nos podría ayudar. El Mago nos puede dar la iniciativa y los recursos para hacer cosas nuevas, podríamos darle algunos de los consejos que he explicado: «El Mago tiene todos los recursos, así que dispondrá de un amplio surtido para disfrutar de sus relaciones, en el que no faltarán masajeadores, aceites para dar masajes o preservativos de formas y colores».

Pero si observamos bien la lectura, cuando el Emperador propone alguna de estas novedades, él tiene el Mago en la cabeza. La Emperatriz con la Justicia, que es muy mental, y al lado la Torre y la Templanza no acaban de entenderse. Tendríamos que aconsejar a nuestra clienta que estuviese un poco más abierta y receptiva.

Conclusiones

El Carro y el Colgado, el tema no avanza, está estancado. Deberemos hablarlo (Templanza), pero no será fácil (Torre), deberemos estar abiertos a cosas nuevas. Podría ser aconsejable buscar un mediador, psicólogo de parejas o sexólogo que les ayude a fluir en los sentimientos (Enamorados) y en la sexualidad.

Homosexualidad

peeeeeeeeeeeeeeeeeeeeeeeeeeeeeeeeeeeeeeeeeeeeeeeeeeeeeeeeeeeeeeeeeeeeeeeeeeeeeeeeeeeeeeeeeeeee

> *Éste es uno de los temas que me preguntan frecuentemente*
> *en las clases. ¿Cómo interpretamos una lectura los temas*
> *homosexuales? Siempre empiezo explicando algunos*
> *de los conceptos básicos sobre género.*

$\mathcal{P}$odríamos decir que hay tres conceptos básicos que deberíamos tener claros antes de empezar a desarrollar estas lecturas. Identidad de género, orientación sexual y sexo.

- **Identidad de género** es la percepción subjetiva que uno tiene sobre sí mismo y su género. Puede coincidir o no con sus características sexuales.
- **Orientación sexual** es la atracción afectiva, romántica o sexual hacia otras personas. Puede darse hacia personas del mismo sexo, del sexo opuesto o ambos.
- **Sexo.** Viene determinado por sus órganos sexuales, se divide en macho/hombre y hembra/mujer.

En la consulta:

- No necesitamos conocer el «sexo biológico» del consultante.
- Trataremos al consultante en función de cómo leemos.

- Ante la duda, podemos utilizar un vocabulario neutro: tu pareja en lugar de él o ella.
- Si tenemos alguna duda, también podemos preguntar cómo quiere que nos refiramos a él/ella: «¿Cómo prefieres que me dirija a ti?».

Recordemos que adaptar nuestra consulta es un acto de respeto a la persona que tenemos delante. Los tarotistas debemos mirar a nuestros consultantes con una mirada actualizada y respetuosa, libre de clichés.

Codificación de las cartas en función de la orientación sexual:

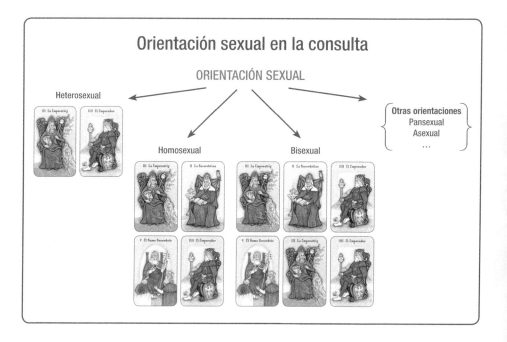

Los temas de las relaciones heterosexuales ya las hemos trabajado en el capítulo anterior. En una lectura, para codificar relaciones homosexuales codificaremos y utilizaremos arcanos del mismo sexo.

Si mi cliente tiene pareja:

- Si mi clienta es una Emperatriz y me pregunta por su relación de pareja con otra mujer, su pareja la codificaremos como una Sacerdotisa.
- Si mi cliente es un Sumo Sacerdote y me pregunta por su relación de pareja con otro hombre, su pareja la codificaremos como un Emperador.

Si mi cliente no tiene pareja:

- Si mi clienta es una Emperatriz y me pregunta si encontrará pareja, las posibles candidatas serán la Sacerdotisa, la Estrella y la Templanza.
- Si mi cliente es un Emperador y me pregunta si encontrará pareja, los posibles candidatos serán el Sumo Sacerdote, el Carro y el Mago.

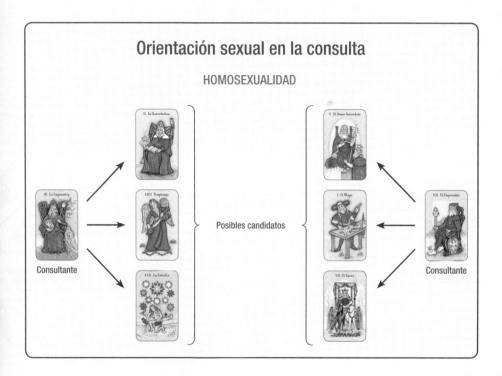

Ejemplo de lectura de homosexualidad

Nuestro cliente es un Emperador que tiene una relación con un hombre un poco mayor que él (Sumo Sacerdote). Recientemente ha conocido a otro más jovial y más alegre (Carro) con el que ha empezado a salir. Quiere saber la evolución sentimental con ambas personas.

Consultante/Emperador

Posición. Nuestro consultante está en la hilera del medio, se toma las cosas con calma. Tiene una buena visión de la lectura. Y en su ámbito de visión están las dos personas por las que nos está preguntando (Sumo Sacerdote y Carro).

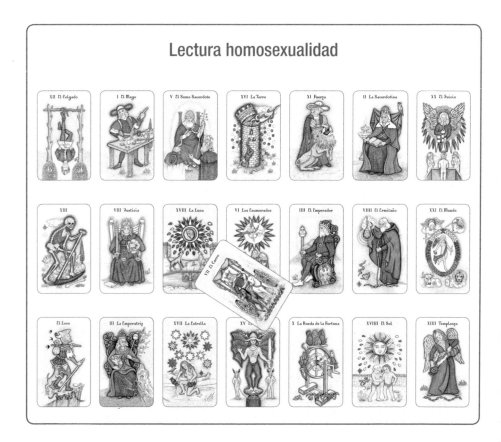

Lectura homosexualidad

Psicología. En su mente tiene unas ideas más bien conservadoras y con cierta tranquilidad mental (Sacerdotisa). En estos momentos está intentado controlar las cosas y utiliza la mano izquierda (Fuerza). Aunque con la Torre vemos que puede tender a descontrolarse la cosa y su tranquilidad y control pueden convertirse en desorden mental y agobio.

Delante tiene a los Enamorados, está enamorado y además de dos personas, puede estar sintiendo que tiene que elegir o que las quiere a ambas. Debajo tiene la carta de la Rueda, siente que quiere avanzar, moverse y mejorar, quiere divertirse y abrirse. El Diablo, que está al lado, potencia la actividad de la Rueda e intensifica la pasión y la atracción.

Detrás, que nos habla de su pasado, observamos cartas tranquilas y más bien tradicionales (Sacerdotisa y Ermitaño). También nos puede indicar que se sentía quizás un poco aburrido y con rutina. El Sol nos dice que tenía una base segura en la que se sentía bien acompañado.

Si miramos a nuestro consultante respecto a las dos personas por las que nos pregunta:

Emperador respecto al Carro. Lo tiene delante mismo y encima de los Enamorados, está claro que se ha enamorado y hay fuertes sentimientos. Debajo está el Diablo, nos indica que además hay una fuerte atracción (Torre) y pasión sexual. Esto ha hecho que sus estructuras mentales se desmoronen y está provocando un caos mental. El Carro es la última carta, está en conclusión, quiere decir que el Carro es clave y decisivo y puede tener la última palabra en esta relación.

Emperador respecto al Sumo Sacerdote. Está cerca y se miran, hay comunicación. Entre el Sumo Sacerdote y el Emperador podemos ver qué está el Carro, que en estos momentos está interfiriendo en la relación. Tenemos que advertir a nuestro cliente que corre el riesgo de que el Sumo Sacerdote conozca la relación con el Carro, pues lo está viendo. La aparición del Carro está haciendo tambalearse (Torre) los sentimientos del Emperador respecto al Sumo Sacerdote.

Ahora vamos a ver lo que sienten cada uno de los personajes respecto al Emperador.

Sumo Sacerdote respecto al Emperador. En estos momentos está en crisis (Torre). La Torre que está delante nos indica que no sabe qué hacer, se siente desbordado y exaltado. Debajo tiene la Luna, se siente inseguro emocionalmente (Enamorados) por la aparición del Carro. En el pasado, él había trabajado y puesto iniciativa en esta relación (Mago), con lo que consiguió una estabilidad y un compromiso (Justicia), que ahora está viendo que se desvanece.

Carro respecto al Emperador. El Carro es consciente de la influencia que tiene. En estos momentos tiene sentimientos y pasión hacia nuestro consultante, pero no tiene claro hacia dónde va (Torre). El Carro está mirando hacia el Sumo Sacerdote, la Luna y la Estrella, conoce la relación con el Sumo Sacerdote, esto le genera ciertos miedos y dudas (Luna), pero con la Estrella tiene la esperanza que las cosas fluirán y se pondrán en su lugar.

Si hacemos las diagonales de nuestro Emperador para poder ver su evolución sentimental:

Diagonal superior: Nuestro Emperador pasará por una crisis (Torre) que le llenará de confusión (Luna). Se empoderará o puede tener el apoyo de una mujer que le llevará a un cambio radical o a una ruptura.

Diagonal inferior: Nuestro Emperador se siente atrapado sexualmente y además estresado (Diablo). Esto le preocupará y le generará inseguridades (Luna) que intentará gestionar (Mago) y provocará unos cambios.

En ambas diagonales terminamos con una Muerte. Está claro que no podrá quedarse con ambas personas, renunciará como mínimo a una de ellas.

Vamos a ver qué nos dicen las conclusiones. Nuestro cliente se siente bloqueado y estancado en una situación sentimental (Colgado). Esto le obligará a hacer un inventario de la situación que requerirá de una reflexión profunda (Juicio). En este replanteamiento, el Carro sobresale y se dará cuenta de que hay grandes sentimientos hacia él (Enamorados). Esto le llevará a iniciar esta nueva aventura y a lanzarse a ella (Loco), y lo hará intentando cuidar las formas y las maneras (Templanza).

Inmuebles

$\dagger$

> *En este apartado aprenderemos a ver temas relacionados*
> *con bienes inmuebles, casas, locales, terrenos, etc.*
> *Veremos compras, ventas, alquileres, reformas, etc.*

*R*ecuerdo que especialmente durante la crisis del 2008, hubo un período de 2 años en el que recibí muchas preguntas acerca del tema inmobiliario. Al fin y al cabo, las consultas de tarot no dejan de ser un reflejo de lo que sucede en la sociedad. Fue en esta época cuando di algunas clases específicas sobre este tema.

La carta que utilizaremos para representar la vivienda o el local será la carta de la Torre. Si miramos un terreno, utilizaremos la carta del Sol. Pero antes de empezar a profundizar en el tema, vamos a repasar algunas combinaciones que creo que pueden ser de gran utilidad.

El local y la vivienda = Torre, y las cartas que la acompañan nos dirán cómo es, si está bien o no, si es soleada, vieja, nueva, etc.

- Torre + Mundo = Vivienda regia, lujosa.
- Torre + Ermitaño = Vivienda vieja.
- Torre + Juicio = Vivienda que se tiene que restaurar, reformar.
- Torre + Luna = Poco iluminada o con humedades.
- Torre + Sol = Soleada y nueva.

- Torre + Enamorados = Bonita.
- Torre + Estrella = Con muchas posibilidades.
- Torre + Muerte = Necesita grandes cambios, generalmente cocina y baños.

Compra de una vivienda o local

Éste es un tipo de lectura concreta y fácil de interpretar. Debemos tener en cuenta que cuando alguien quiere comprar o vender un inmueble, lo hace por dinero, por lo que será importante que nos fijemos en las cartas del dinero, que son la Rueda y la Templanza. Si están al lado del inmueble (Torre) o en conclusión, es que sí se va a comprar o vender.

Cuando miramos en una interpretación la compra de un bien inmueble será importante que observemos:

- La vivienda = Torre (tendremos que mirar que está en buenas condiciones).
- Los papeles = Justicia (que no tenga cargas y que toda la documentación es correcta).
- El mediador o intermediario = Sumo Sacerdote (que actúe correctamente).
- El dinero que nos cuesta = Rueda (si lo conseguimos o lo tenemos).
- Si se pide un préstamo tendremos que mirar que pueda pagarlo = Templanza.
- Y por descontado, miraremos a nuestros consultantes, donde están situados, si tienen perspectiva si están de acuerdo con la pareja, etc.

Defectos que podemos encontrar en un inmueble

Cuando alguien nos pregunta por una casa que quiere comprar, tendremos que mirar que no tenga algún defecto que no se vea a simple vista. Siempre mirando las cartas que rodean la Torre, algunos de los más frecuentes son:

- Luna = Humedades, goteras.
- Ermitaño + Luna = Problemas en la estructura o cimientos.
- Diablo + Luna = Problemas eléctricos.
- Juicio + Luna = Problemas con el gas.
- Mago + Luna = Necesitaremos un operario para arreglar pequeñas cosas que no se ven a simple vista.
- Justicia + Luna = Problemas legales.

Venta de un local o vivienda

Cuando en una interpretación miramos si una persona va a vender o no un local o una vivienda, tenemos que tener claro que es siempre por dinero, por lo cual la carta de la Rueda de la Fortuna y de la Templanza son claves.

La Rueda o la Templanza tendrán que estar cerca de la Torre o en conclusión.

- Rueda + Mundo = La venderemos por un muy buen precio.
- Rueda + Colgado = No la venderemos a no ser que bajemos el precio.
- Rueda + Ermitaño = Tardaremos y deberemos ajustar el precio, tenemos que ponerla a precio del mercado.

El Sumo Sacerdote es el mediador (agente inmobiliario), y nos indica si se está esforzando o no.

Nuestros consultantes, si verdaderamente tienen ganas de vender o no.

Los personajes que estén cerca nos indicarán las personas que pueden estar interesadas.

Ejemplo de lectura para la compra de una vivienda

Nuestro cliente es un hombre de 51 años que ha visto una vivienda que le gusta mucho y desearía comprarla. Viene a la consulta para ver si podría comprarla y para ver si le conviene o si puede haber algo que deba tener en cuenta.

Lectura compra de vivienda

Consultante/Emperador

Posición. El Emperador está en la hilera superior, esto indica que está activo y tiene una buena perspectiva, un 90 %. Y dentro de la perspectiva está la Torre, que hace referencia a la casa que quiere comprarse.

Psicología. Delante tiene la Estrella, que es la ilusión que le hace. Debajo el Ermitaño, ya hace tiempo que está pensando en ello y es una decisión meditada. Detrás tiene la Muerte y la Torre, nos habla de la relación que ha dejado atrás. Igual la Estrella de delante es la nueva compañera con la quiere compartir la nueva casa.

Torre/Vivienda

Es una casa vieja (Ermitaño), pero con posibilidades (Estrella). Con el Mago vemos que deberá hacer reformas que serán complicadas y pueden estresarnos (Diablo) por temas de humedades (Luna). Y tendrá que hacer presupuestos (Justicia).

Justicia/Papeles

La carta de la Justicia está en conclusión, por lo que deberemos avisar que los temas legales pueden ser importantes. Puede haber cosas que no están claras (Luna) que tendremos que controlar (Fuerza) y aclarar (Sol). Será bueno que investigue, que vaya al registro y lo mire todo (Juicio), porque así podrá seguir adelante y solventar las cosas con facilidad (Estrella). La Templanza está encima de la Justicia, esto nos indica que podrá adaptarse a los temas que puedan salir.

Rueda/Dinero

La Rueda de la Fortuna es la primera carta, esto nos dice que éste será un tema relevante. Además, está en una de las conclusiones, nos refuerza su importancia. A un lado tiene la carta del Colgado, nos dice que puede intentar bajar el precio. La Sacerdotisa nos recomienda estudiar el tema y tener paciencia. El Mundo nos dice que tiene las posibilidades para adquirirla a un buen precio.

Conclusiones

La Rueda y la Muerte nos dicen que puede cambiar el precio. La Templanza y la Justicia pueden llegar a un acuerdo en las condiciones. Y el Sumo Sacerdote más los Enamorados, el agente inmobiliario, puede ayudarnos y facilitar el tema.

Reformas

Otro de los temas que nos pueden preguntar en la consulta es el de las reformas de viviendas o locales. Podemos encontrarnos personas que tienen algún conflicto porque les han dejado el proyecto a medias, o porque no se están respetando los plazos, etc. O personas que se están planteando alguna reforma y nos preguntan sobre la posibilidad de hacerla. En estos casos, podríamos mirarlo con las siguientes cartas:

Observando las cartas que rodean a la Torre podríamos ver:

- Torre + Enamorados = Pondrá bonita la casa, pintará, cambiará las cortinas, detalles, mejoras pequeñas.
- Torre + Mago = Albañiles, reformas menores, bricolaje.
- Torre + Juicio = Resucitar una casa, renovar, pintar dar vida, muebles nuevos.
- Torre + Muerte = Cambios importantes: tirar paredes, cocina, baño.
- Torre + Justicia = Presupuestos.
- Sumo Sacerdote = Contratista.

Alquiler de inmuebles

Aquí tendremos que diferenciar entre el propietario que se interesa por si alquilará y el inquilino que puede estar interesado en su renovación.

Propietario que pregunta a cerca de un posible inquilino

Alquilar un local o la vivienda a veces no es fácil. El propietario tiende a preocuparse por si le pagarán, le cuidarán la vivienda o local. A veces, los inquilinos no cuidan el inmueble, no pagan y no quieren irse. En estos casos, el propietario viene a preguntarnos si se irán, si tiene que acudir a un abogado, etc.

Cuando preguntan si alquilarán un local o vivienda, codificaremos e interpretaremos las siguientes cartas:

- Emperador/Emperatriz = Consultante/arrendador.
- Justicia = Condiciones contractuales, si el contrato está claro y es justo.
- Rueda = Veremos si el posible inquilino es solvente o no.
- Templanza = Miraremos si pagará puntualmente o si puede haber algún problema.

Cuando un inquilino nos pregunta si le van a renovar el contrato

En este caso, la carta clave es la Rueda, porque es la carta que nos indica la renovación, que deberá estar en situación clave o cerca de la Torre o de la Justicia. Y las cartas que acompañen a esta Rueda nos indicarán si nos subirán el precio, mucho, poco, etc.

Ejemplo de lectura para el alquiler de un piso

Nuestra clienta es una mujer de 72 años (Sacerdotisa). Hace 2 años se fue a vivir con su hija y tiene su piso vacío. Ha venido a la consulta para preguntarnos si le valdría la pena alquilarlo. Ella nos cuenta que le tiene mucho cariño a su piso porque allí es donde crio a sus tres hijos y no le gustaría que se lo estropeasen. Hay un vecino que le ha dicho que quería el piso para su hija, quiere ver si le vale la pena.

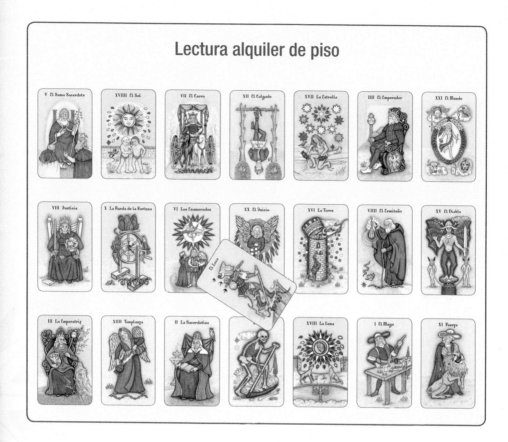

Lectura alquiler de piso

Consultante/Sacerdotisa

Posición. Nuestra clienta está en la hilera de abajo, tiene una actitud pasiva frente a la pregunta. Tiene poca visión y no está viendo la carta de la Torre, que es el tema sobre el que nos está preguntando.

Psicología. Detrás tiene la carta de la Muerte, no está viendo o no quiere ver los cambios. Delante tiene la Templanza, ella quiere adaptarse a las circunstancias y quiere ayudar a la Emperatriz, que es su hija. Encima de su cabeza, los Enamorados nos dicen que está escuchando su corazón y que siente que debe tomar decisiones. En el pasado ya pensó en algún momento alquilar su piso (Juicio), pero con el Loco al final nunca lo hizo. Y de cara al futuro, está pensando que este dinero no le iría mal (Rueda).

Torre/Piso

Observando rápidamente las cartas que están alrededor del piso, vemos que le hace falta un arreglo. La carta del Ermitaño nos dice que es un piso viejo, que necesita de algunos retoques (Mago) por humedades y que además una capa de pintura no le iría mal (Luna). También habría que hacer algunos cambios (Muerte), por lo que deberían plantearse (Juicio) hacer alguna reforma, aunque no sea muy profunda (Loco) antes de ponerla a la venta. Porque si no, con el Colgado esto podría ser un freno. La Estrella y el Emperador nos dicen que es un piso que tiene posibilidades, pero deben organizarse para arreglarlo.

La Estrella y el Emperador también son personajes. Pueden indicarnos los distintos interesados en el piso. El Emperador bien podría ser el vecino y la Estrella su hija. Al tener el Colgado delante nos dice que le van a pedir una rebaja.

Rueda/Dinero

Al estar la Rueda delante de nuestra clienta, nos indica que hace referencia al dinero en el que está pensando nuestra clienta. Al ver la carta del Sumo Sacerdote al lado de la Rueda y en conclusión, lo único que yo recomendaría es que buscasen un especialista que mediase y se encargase de gestionar los temas económicos y legales por ellas.

Templanza/Pago de las mensualidades del alquiler

La Templanza está delante de nuestra clienta y de su hija, esto nos indica que ellas estarán pendientes de los pagos y que cuidarán y avisarán a los inquilinos. La Rueda nos indica que se pagarán bien, que hay dinero. A un lado, la Justicia nos dice que pagarán con regularidad y sin problemas (Enamorados).

Justicia/Papeles

La carta de la Justicia está bien rodeada, nos indica que nuestra clienta tiene todos los temas legales en orden. A un lado está la Emperatriz, la hija, que puede estar pendiente junto con algún asesor o abogado. Los temas están claros (Sol), se moverán bien (Rueda) además pueden generar dinero. Y con la Templanza hablarán de los temas que haga falta y podrán llegar a buenos acuerdos.

Conclusiones

El Sumo Sacerdote nos indica que es un tema que debe pensar y reflexionar bien, a la vez que sería bueno que buscase a un especialista para que se lo gestionase. El Mundo nos dice que podría conseguir unos buenos inquilinos, podría ser una decisión exitosa. El Juicio y el Loco nos dicen que una vez que se lo haya pensado, no le dé más vueltas y se decida. Tiene el apoyo de la Emperatriz, que es su hija, que le ayudará a controlarlo todo (Fuerza).

Dinero

> *Los temas económicos son importantes y frecuentes*
> *en las consultas. Muchas veces están directamente relacionados*
> *con los temas laborales o con los de inversiones. O simplemente,*
> *el cliente quiere saber su economía para el año.*

Antes de empezar, me gustaría poder aclarar un punto que creo que es interesante tener en cuenta. Encontramos que en libros antiguos y en algunas líneas codifican la carta del Diablo como el dinero, nosotras no la codificamos como tal. Entendemos que se ve el dinero como algo malo. Para nosotras, el dinero no es malo, lo necesitamos para vivir, lo malo puede ser cómo lo adquirimos o cómo lo gastamos. Por lo tanto, en estas lecturas, el Diablo nos dirá que quizás estamos corriendo algún riesgo a la hora de invertir o que ese dinero lo hemos conseguido de manera ilícita. Las dos cartas con las que miraremos el dinero son la Rueda (dinero grande) y la Templanza (dinero pequeño). Cuando nos preguntan por la economía en general, la carta clave es la Rueda de la Fortuna y las cartas que la rodeen nos indicarán cómo está el tema económico.

- Rueda + Sol = Economía clara, sana y buena.
- Rueda + Mundo = Muy buena economía, la persona se siente satisfecha y próspera.
- Rueda + Justicia = Economía controlada, analizada, todo en un Excel.

- Rueda + Enamorados = Disfruta de una buena economía. Ingresos de más de un ámbito.
- Rueda + Luna = Economía poco clara. Dinero negro, no declarado.
- Rueda + Loco = Economía inestable. No hay unos ingresos fijos.
- Rueda + Torre = Economía que se desmorona. Con otras cartas positivas, inversiones inmobiliarias.
- Rueda + Ermitaño = Austeridad económica. Necesidad de ahorrar.
- Rueda + Colgado = Limitaciones económicas. Bloqueos de cuentas.

Si sólo queremos ver la economía en general, podemos hacerlo observando únicamente la carta de la Rueda. Pero si lo deseamos podemos profundizar un poco más. Si nuestro consultante tiene inversiones, podemos verlas con la Rueda, y su economía del día a día con la Templanza.

Ejemplo de lectura sobre su economía

Nuestro consultante es un hombre de 58 años. Está preocupado por una serie de inversiones que hizo en la bolsa. Nos pregunta por ellas y por su economía.

Consultante

Posición del consultante. El Emperador está en la hilera superior, está activo respecto al tema de la pregunta, que es su economía. Ve la mitad de lo que sucede en la lectura. Dentro de su campo de visión está la carta que representa las inversiones (Rueda), pero no está mirando la carta que representa a su tesorería, al dinero del día a día (Templanza). Está en la columna del centro, quiere decir que está en la mitad de un ciclo. Ya ha hecho una serie de inversiones económicas y ahora quiere ver hacia dónde van, porque al estar en la mitad del ciclo todavía puede hacer algunas mejoras, según vea.

Psicología del consultante. Delante tiene la carta de la Estrella, es capaz de ver las señales, tiene ideas y proyectos respecto a sus temas económicos y confía en que todo irá bien. Pero al tener la carta de la Muerte debajo, las señales le están indicando que debería hacer algunos cambios. El Juicio que tiene debajo nos indica que se está replanteando sus inversiones, porque está mirando a la Rueda, no a la Templanza. Está haciendo un inventario de su dinero. Encima del Juicio está el Sumo Sacerdote, también puede tener un asesor que le orienta y le asesora. Detrás, los Enamorados y el Loco nos dicen que en el pasado ha diversificado y ha colocado su dinero para invertir en distintas opciones, incluso alguna puede ser en algo nuevo.

Rueda

La carta de la Rueda de la Fortuna representa las inversiones. Vemos que son un tema importante porque es la primera carta y está en conclusión. Miremos qué cartas la rodean. El Ermitaño nos indica que el rédito de estas inversiones ya hace un tiempo que ha empezado a remitir, a dar menos rendimiento. Si tenemos en cuenta que la otra carta es la Luna, vemos que estas inversiones en estos momentos son poco seguras y poco estables. El Mago está aconsejando que todavía está a tiempo de hacer algo, tiene recursos, iniciativa y herramientas para poder gestionarlo. Además, un poco más lejos está el Diablo, que nos dice que si no actúa con cierta rapidez, puede correr riesgos importantes.

Templanza

La carta de la Templanza es su dinero del día a día. Mirando así en general, no vemos que corra ningún riesgo. Entendemos que no esté mirando la carta de la Templanza, porque él está centrado en la Rueda, que sí es importante. Puede que del dinero del día a día se encargue su esposa, pues la carta de la Emperatriz está al lado. También nos puede indicar que disfruta de un buen dinero que le permite gastar y gestionarlo de manera creativa pero controlada (Fuerza). El Mundo y el Sol, nos dicen que tiene unos buenos ingresos, que no le falta de nada. La Justicia y el Carro nos dicen que lleva los ingresos y gastos controlados para poder ir dirigiendo bien su dinero. El Loco y los Enamorados nos dicen que puede permitirse ciertos caprichos y disfrutes. (Este Loco lo leemos en positivo porque está bien acompañado por la Emperatriz y los Enamorados).

Conclusiones

Sus inversiones en estos momentos son claves y decisivas (Rueda), tiene que analizar bien cada una de ellas. Un especialista (Sumo Sacerdote) le puede ir muy bien para hacer un buen inventario (Juicio) de lo que tiene invertido, para poder evitar riesgos (Diablo) y poder seguir teniendo su dinero con seguridad y claridad (Sol).

Salud

La salud es un tema delicado en las consultas de tarot.
Recordemos que nosotros, como tarotistas, orientamos y aconsejamos.
En temas de salud podemos ver tendencias, puntos débiles, pero
no somos médicos ni debemos pretender serlo. No podemos hacer
diagnósticos ni decir qué tiene la persona que acude a consulta.
Sí podemos ver qué órganos puede tener que cuidarse, podemos ver
si se va a entender con el médico que le atiende, cómo irá
una operación, un tratamiento, etc.

Antes de empezar con el tema de la salud, creo que es bueno que tengamos en cuenta los límites cómo tarotistas. ¿Cómo responderíamos a estas preguntas?

¿Tengo apendicitis? No hacemos diagnósticos, podemos ver que sería bueno que cuidase su aparato digestivo.

¿Me voy a morir? Tenemos un código ético que no nos permite mirar este tema.

¿Tengo que operarme? Esto lo debe decir un médico, nosotros podemos mirar si se opera, cómo irá la operación y su recuperación.

¿Tengo cáncer? No hacemos diagnósticos, podemos ver si tiene algo que implique algún riesgo.

La salud en una lectura general

Lo primero que vamos a aprender a ver es la salud en general. ¿Qué quiere decir esto? Es cuando alguien nos pide que le miremos la salud, pero que previamente no tiene ningún síntoma. Esta mirada en general es la que también podemos utilizar cuando hacemos la lectura general. En este caso, lo único que vemos es si tiene algún punto que deba cuidar o tener en cuenta.

En el caso de que en esta lectura de salud en general viésemos que tiene algún punto sensible, podemos mirar también la carta de la Justicia por si le tienen que hacer alguna prueba médica.

Si vemos que la carta de la Luna está tocando al consultante, esto indica que hay algo que no funciona bien. Podría estar en cualquier de estas posiciones:

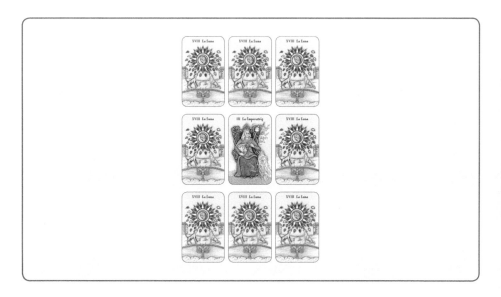

Para poder ver cuál puede ser el punto débil, tendremos que observar qué cartas tocan a la Luna y también a nuestro consultante. Esto nos servirá para poder advertir al cliente, y si hace falta, le recomendaremos que visite un médico o especialista.

Cuando miramos temas de salud, deberemos estar atentos cuando nos salga la carta del Diablo, nos puede indicar un riesgo o alguna complicación. En estos casos deberemos recomendar a la persona que pida cita al médico.

A continuación, tienes un cuadro con la relación de los arcanos mayores y los temas de salud con los que los relacionamos.

RELACIÓN ENTRE LOS ARCANOS Y LA SALUD	
ARCANO	**PUNTO DÉBIL**
Mago	Médico de cabecera. Recursos.
Sacerdotisa	Dolores de cabeza, menopausia. Tranquilidad.
Emperatriz	Órganos sexuales femeninos, estética. Disfruta.
Emperador	Órganos sexuales masculinos, estrés. Lucha.
Sumo Sacerdote	Enfermedades de gente mayor, próstata. Especialista.
Enamorados	Pulmones, brazos y hombros. Enferma por amor. Decisiones.
Carro	Aparato locomotor. Controla y mejora.
Justicia	Pruebas médicas, papeleo. Equilibrio.
Ermitaño	Enfermedades crónicas, tratamientos largos. Resistencia.
Rueda	Evolución de la salud. Dinero que nos puede costar económicamente.
Fuerza	Boca, garganta, cuello. Energía.
Colgado	Reposo, enfermedad, convalecencia. Ingreso. Coágulos, piedras…
Muerte	Huesos, espalda. Tratamiento radical.
Templanza	Aparato digestivo, dificultades en el habla. Tratamiento oral.
Diablo	Ansiedad, estrés, sexo. Complicaciones. Instinto de supervivencia.
Torre	Imprevistos, accidentes. Hospital. Expansión.
Luna	Enfermedad. Sangre. Presión arterial.
Estrella	Aparato urinario. Líquidos. Protección.
Sol	Vista. Fiebres. Piel. Enfermedades tropicales e infantiles. Recuperación.
Juicio	Chequeo. Enfermedades que resurgen. Replanteamiento de la vida.
Mundo	Evolución del embarazo. Recuperación exitosa.
Loco	Facultades mentales. Enfermedades pasajeras. Tratamientos cortos.

Con esta interpretación general, nosotros ya tenemos una visión amplia de la salud de nuestro consultante.

Ejemplo de lectura de salud

Nuestra cliente es una mujer de 73 años que viene cada año a nuestra consulta para ver las tendencias del año. Este año, uno de los temas que la tiene preocupada es la salud, no tiene nada en concreto, pero ella siente que se hace mayor y nos pregunta por su salud en general.

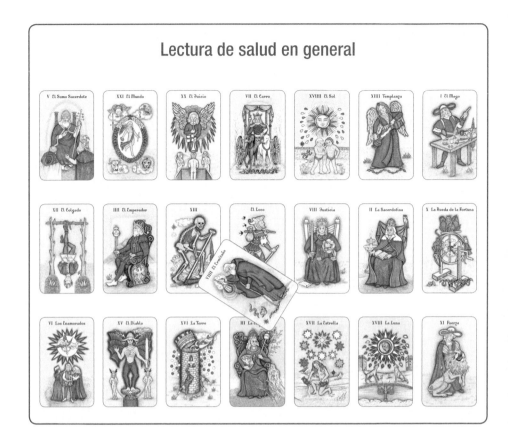

Lectura de salud en general

Consultante/Sacerdotisa

Posición. Nuestra consultante está en la segunda hilera, se toma el tema de la salud con tranquilidad. Tiene una buena visión de la lectura, tendrá la capacidad de ver venir cualquier tema relacionado con la salud y gestionarlo con calma.

Psicología. En su mente, ha gestionado y ha trabajado su salud (Mago), en estos momentos se siente protegida y tiene una mentalidad flexible y tolerante consigo misma (Templanza) y confía en tener una buena salud y energía (Sol).

Observando las cartas que tiene detrás, que nos hablan de su pasado, podemos ver que tuvo una buena salud. Se cuidó (Mago), fue una mujer dinámica y con una buena actitud frente a la vida (Rueda de la Fortuna) y en su base tuvo fuerza y buena energía vital (Fuerza).

En estos momentos, en su base siente que está perdiendo la energía (Luna), no acaba de encontrarse del todo bien. Esta Luna está bien acompañada por ambos lados (Estrella y Fuerza), esto nos dice que no hay nada grave. Si observamos bien, vemos que tanto la Estrella como la Fuerza no se miran, esto nos indica que no se están integrando bien.

Delante, que nos habla de lo que vemos y cómo actuamos, vemos la carta de la Justicia. Es una mujer que tiene unos hábitos equilibrados, se cuida y no tiende a excesos.

Diagonal inferior de la Sacerdotisa. Observando las diagonales, podremos ver la evolución de su salud. Nuestra consultante observará su aparato urinario (Estrella) y le prestará atención, se dará cuenta de que hay algo alterado (Loco) que puede venir del pasado o que puede requerir de un tratamiento largo (Ermitaño). Esto la obligará a hacerse alguna prueba más profunda o a replantearse (Juicio) algunos hábitos, a organizarse (Emperador) para poder controlar el tema y tomar decisiones para poder disfrutar otra vez de una vida tranquila y agradable (Enamorados).

Diagonal superior de la Sacerdotisa. Nuestra clienta se sentirá con energía (Sol) para afrontar alguna alteración (Loco) que puede requerir de un tratamiento largo (Ermitaño), esto le generará una crisis y hará que se tambaleen sus estructuras o puede que tenga que ir al hospital (Torre). Pero tendrá la capacidad de organizarse (Emperador) de la mano y con la ayuda del especialista (Sumo Sacerdote).

Luna/Salud en general

Recordemos que cuando miramos la salud en general, deberemos mirar si la carta de la Luna está tocando a nuestra consultante. En este caso, observamos que la Luna está tocando a nuestra clienta, esto nos indica que tendrá que cuidarse y que el tema de salud puede ser relevante ahora y en un futuro.

Para saber cuál puede ser el punto débil a tener en cuenta y cuidar, tendremos que ver qué carta está tocando a la Luna y también a la consultante. En este caso, vemos que en el pasado pudo tener temas de salud relacionados con la zona del cuello, garganta, boca y nariz (Fuerza). De cara a un futuro, tendrá que cuidarse los temas relacionados con el aparato urinario (Estrella). Al lado de la Estrella tiene la carta de la Justicia, esto nos indica que tendrá que hacerse alguna prueba o análisis.

Además, vemos que al lado de nuestra consultante hay cartas que la favorecen a nivel de salud. Tiene el Sol y la Fuerza, que le dan fuerza y vitalidad. Y la Templanza la protege. En este caso, sería bueno que viésemos la carta de la Justicia para ver los análisis.

Justicia/Análisis y pruebas médicas

Las cartas que rodeen a la Justicia nos indicarán los resultados de las pruebas médicas. Si miramos de manera general, podemos ver que no hay cartas que nos indiquen unos resultados muy alterados, esto nos tranquiliza. Ahora vamos a desarrollarlo paso a paso.

Las pruebas que pueden estar relacionadas con el aparato urinario (Estrella) nos indicarán que hay algo que no está bien (Luna), que hay algo alterado (Loco) y que tendrá que vigilarlo porque si no podría volverse crónico (Ermitaño) o que necesite un tratamiento largo. El resto de las cartas son positivas, el Carro nos dice que las pruebas se las harán pronto, que saldrán claras (Sol) y que le podrán dar algún tratamiento oral (Templanza).

Sumo Sacerdote/Especialista

El Sumo Sacerdote representa al especialista, vemos que es la primera carta y que está en conclusión, será clave y decisivo. Está activo y tiene una buena perspectiva de la salud de nuestra clienta. Desde su posición vemos que está observando a la clienta (Sacerdotisa), los análisis o pruebas (Justicia) y el posible tema de salud (Luna).

Las cartas que lo rodean nos dicen que es un especialista de cierto prestigio (Mundo), que trabaja en equipo con otro profesional (Emperador), y con el Colgado nos dice que está pendiente de algo, suponemos que de los resultados para tomar decisiones (Enamorados).

Conclusiones

El especialista será clave y decisivo (Sumo Sacerdote), le indicará el tratamiento adecuado (Mago) para poder sortear su alteración (Loco) y evitar que se cronifique (Ermitaño). Tomarán las decisiones apropiadas y lo harán de manera fácil (Enamorados) y podrán controlar el tema (Fuerza).

Salud sobre un tema en concreto

Decimos que miramos un tema concreto cuando ya preguntamos algo determinado: la rodilla, la espalda, el hígado, la tendinitis, los pulmones, etc. En estos casos, debemos recordar que nosotros no somos médicos, por lo tanto, no debemos saber de todo. Lo primero que deberemos hacer es relacionar la pregunta con el aparato correspondiente. Por ejemplo: el hígado pertenece al aparato digestivo (Templanza), la rodilla pertenece al aparato locomotor (Carro), los pulmones al aparato respiratorio (Enamorados), etc.

En estos casos, por un lado miraremos al consultante, y las cartas que lo rodeen nos indicarán su estado anímico y emocional respecto al tema de la salud, y las cartas que están alrededor del órgano nos dirán como está éste. Y por otro lado, codificaremos el órgano por el que preguntamos. A veces hay personas que son hipocondríacas y que tienen cartas negativas alrededor de ellas, pero el órgano está bien o tiene algo leve. En cambio, podemos encontrar personas muy optimistas que se sienten genial, pero el órgano por el que preguntan puede correr algún riesgo.

- Consultante = Cómo lleva esta persona la enfermedad, su recuperación y su actitud.
- Órgano = Con la carta correspondiente a este órgano, veremos cómo está y su evolución.
- Justicia = Esta carta también es importante porque nos dirá si tenemos que hacer pruebas y cómo serán los resultados.
- Sumo Sacerdote = Con las cartas que lo rodeen veremos el equipo médico.

Tipos de dolor: Cuando observamos las cartas que rodean a nuestro consultante, podemos ver distintas maneras de vivir el dolor.

- Diablo: Dolor agudo y punzante.
- Ermitaño: Dolor sostenido, crónico y profundo.
- Loco: Breve e inconstante.
- Colgado: Bloqueos y contracturas.

Tratamientos: La carta que corresponde a los tratamientos será la carta del Mago, observando las cartas que lo rodean podemos ver:

- **Templanza:** Tratamiento oral.
- **Ermitaño:** Tratamientos largos y pesados. Crónicos.
- **Colgado:** Tratamientos que nos inmovilizan o requieren reposo.
- **Loco:** Tratamientos cortos. Tratamientos alternativos.
- **Sacerdotisa:** Puede indicar que nos hace falta tratamiento psicológico de soporte.

Pruebas médicas: Las cartas que corresponden a las pruebas médicas son la Justicia –que representa las pruebas más básicas, más generales (análisis de sangre, orina, etc.)– y el Juicio –que nos habla de pruebas más profundas, o específicas (resonancias, TAC, etc.)–. Las cartas que las rodeen nos indicarán los posibles resultados.

- **Colgado:** Resultados bajos, no llegamos a los parámetros establecidos.
- **Ermitaño:** Resultados muy justos tirando a bajos.
- **Loco:** Inestabilidad.
- **Torre:** Resultados alterados.
- **Diablo:** Resultados que están por encima de los parámetros establecidos. Pero cuidado con el Diablo, pues puede indicarnos resultados complicados que implican un riesgo, esto dependerá de lo que hayamos preguntado.

Ejemplo de lectura de salud de un tema concreto

Nuestro cliente es un hombre que tiene una alteración en el hígado. Hace dos años le operaron y dentro de un mes tiene unas pruebas de control con su médico. Quiere saber cómo irá todo.

Lectura de tema concreto de salud

Consultante/emperador

Posición. Nuestro cliente está en una actitud pasiva y tiene poca visión del tema de su salud. Muchas veces, cuando nos salen clientes en esta posición es porque no quieren, no pueden o no se atreven a mirar, tienen miedo, de lo que puedan ver.

Psicología. Mentalmente, nuestro cliente está estresado, tiene la carta del Diablo en la cabeza y al lado el Loco, que nos dice que esto le genera inestabilidad. Al otro lado la Rueda nos puede indicar que este estrés es cíclico y repetitivo y le viene de circunstancias del pasado.

Detrás con la Torre, nos indica que su tema de salud hizo que se tambalearan sus estructuras, que fue algo repentino y le generó una crisis. Delante la Estrella indica que intenta tener esperanza. Vemos que el tema de la salud le tiene muy preocupado.

Templanza/El hígado

La carta de la Templanza rige el aparato digestivo. Debajo tiene la carta de la Luna, nos indica que hay algo que no acaba de estar bien. Y que necesitará la mirada de un especialista (Sumo Sacerdote). La Sacerdotisa nos indica que el tema está estable, pero que deberá estudiarse a fondo porque puede haber alguna limitación (Colgado) que hace que no acabe de ir del todo bien.

Justicia/Pruebas médicas generales

Las pruebas médicas que le harán no saldrán muy claras (Luna), tenderán a valores más bien bajos (Colgado), pero es algo que ya viene de lejos (Ermitaño). Puede que en las últimas pruebas que le hayan realizado hayan salido con la misma tendencia. Esto obligará al médico (Sumo Sacerdote) a tomar decisiones (Enamorados). Le pedirá unas pruebas más profundas y concretas (Juicio).

Juicio/Pruebas más profundas o específicas

La carta de la Luna nos confirma que hay algo que no acaba de estar del todo bien. Pero, observando el resto de las cartas, vemos que la cosa no será complicada. Saldrán unos resultados claros (Sol) que podrán mejorarse con algún tratamiento (Mago) que permitirá controlar y mejorar (Fuerza). Este tratamiento podrá ser oral (Templanza).

Conclusiones

El Carro le indica que podrá seguir avanzando, pero deberá hacerlo de manera tranquila y sosegada (Sacerdotisa). Con algún tratamiento (Mago) para poder controlar (Fuerza) el tema del hígado. Todo fluirá bien, tiene la carta de la Estrella, que le protege, pero el tema del hígado será algo crónico, que deberá cuidar (Ermitaño).

Cuando preguntan por una operación

Recordemos que tenemos un código ético y nosotros, como tarotistas, podemos ver las tendencias. Lo que no podemos hacer es decir si se debe operar o no, esto dependerá del consultante y de su médico. Sí, podemos ver si la operación será más fácil, si puede haber alguna complicación, su recuperación… Esto puede ayudar a la persona que viene a tomar una decisión y a estar prevenida.

En este caso, las codificaciones serán las siguientes:

- Consultante = Evolución y recuperación de la operación.
- Sumo Sacerdote = Equipo médico.
- Mago = Operación, si irá bien, si estará mucho rato, si habrá complicaciones… Desde que entra en el quirófano hasta que sale.
- Justicia = Resultados después de analizar alguna cosa.

Ejemplo de lectura de una operación

Una mujer de 47 años tiene piedras en el riñón, ha podido expulsar la mayoría, pero le queda una de mayor tamaño que requiere una intervención. Nos pregunta cómo irá esta operación.

Consultante

Posición. Buscamos a nuestra consultante (Emperatriz). Está situada en la hilera del medio, esto quiere decir que se toma las cosas con calma, sin prisas pero sin pausa.

¿Cuánto ve? Tiene una visión del 20 %. Tiene poca perspectiva de lo que la rodea. Dentro del 20 %, ¿está el tema por el que pregunta, en este caso, la enfermedad? Sí, podemos ver que tiene la Luna delante, está muy pendiente de la salud y deja de ver otras cosas que podrían ser importantes.

Psicología. Delante tiene la carta de la Luna, que le genera preocupación e inestabilidad. Esto la está llevando a cuestionarse un montón de cosas (Juicio) y piensa que tiene que hacer algunos cambios radicales en su vida (Muerte), porque en el pasado ella sólo sabía que quería progresar y avanzar (Carro). En estos momentos está pensando en hacer un cambio de rumbo (Muerte) en su vida y reinventarse (Juicio).

Debajo tiene a los Enamorados, siente que necesita querer y ser querida, y a nivel de salud que tiene que tomar decisiones y quererse y cuidarse un poco más. La Templanza hace que se sienta protegida y que esté dispuesta a adaptarse a las nuevas decisiones, incluso nos puede hablar de una alimentación más sana.

Mago/Operación

La carta del Mago nos habla de la operación, desde que entra a quirófano hasta que sale. Con la carta de la Torre vemos que tendrán que abrir y liberar la piedra y lo harán de manera controlada (Emperador) y con paciencia (Ermitaño). La operación saldrá bien, estará todo pensado y analizado (Justicia), y se llevará a cabo con seguridad y claridad (Sol), será un éxito. Puede que encuentren algo obstruido o bloqueado (Colgado), pero con la Estrella y la Fuerza podrán controlarlo y todo fluirá bien, por lo que no vemos riesgos importantes.

Estrella/Riñones

Nos preguntaba por sus riñones. La carta que les corresponde es la Estrella. Está en conclusión, esto indica que es importante. Acompañada de la Justicia, que tendrá que hacerse pruebas y que podrá equilibrar el tema. El Colgado nos dice que tiene ciertas limitaciones. Pero como al lado tenemos el Mago, tenemos los recursos para poder controlarlo. La Estrella está en conclusión junto con el Ermitaño, esto le viene de lejos. Sumo y Rueda los dolores y molestias se le han repetido y el médico ya la está tratando. Juicio, están esperando unos resultados. Y con la carta de la Templanza puede que el médico le haya dado un tratamiento y estén a la espera de la evolución.

Justicia/Resultados

Con la Justicia veremos los resultados después de la operación. Éstos serán buenos, la Estrella nos dirá que todo fluirá, pero que tendrá que hacer algún otro control más adelante (Ermitaño). Le darán algún tratamiento (Mago) porque todavía saldrán algunos valores descontrolados (Torre y Colgado). En este caso, la

Torre y el Colgado tocan a la carta de la Justicia sólo por las esquinas, no son tan relevantes como el Ermitaño y la Estrella, que tocan por los costados.

Sumo Sacerdote/Equipo médico

El equipo médico que la va a operar y los especialistas que la atienden tienen una buena base, puede ser un equipo prestigioso (Mundo) que controla (Fuerza) el tema desde hace tiempo y es innovador y puntero (Loco). Detrás con el Sol nos indica que tiene logros y seguridad en el tema y lo dominan (Emperador). Encima está la carta del Diablo, que nos indica que son conscientes del riesgo que implica la operación, pero a ambos lados hay cartas positivas: el Emperador, que controla, y el Carro, que sabrán salir adelante sin ninguna dificultad. Por lo que nuestra clienta puede estar tranquila con su equipo, está, en buenas manos.

Conclusiones

El Ermitaño nos dice que éste es un tema que viene del pasado y que necesitará de un seguimiento. Que tendrá que seguir haciéndose algunas pruebas concretas (Juicio). Pero el equipo de especialistas (Sumo Sacerdote) que la llevan son diligentes y sabrán aprovechar las oportunidades que se les presenten para hacerlo lo mejor que puedan. La carta de la Rueda de la Fortuna también nos habla de dinero, por lo que también nos podría indicar que la operación es de pago. La Estrella y la Templanza, ambas cartas de protección, nos indican que puede estar tranquila, que todo irá bien. La Estrella representa los riñones y nos indica también protección para ellos.

Tarot evolutivo, espiritual y kármico

Ahora nos adentramos en un tarot profundo que nos ayuda a dar sentido a nuestra vida. A encontrar respuestas a nuestras preguntas trascendentes y que nos enseña cuáles son nuestros aprendizajes y las lecciones que tenemos que aprender. Es aquí donde el tarot abre conciencias y se convierte en una filosofía de vida.

Cuando estamos haciendo este tipo de tarot, trabajamos e interpretamos los mismos arcanos, pero desde un ángulo diferente. Las cartas adquieren otro matiz. Por ejemplo, el Ermitaño en un tarot predictivo y psicológico es un poco «pesado» porque nos ralentiza las cosas o las circunstancias. En el tarot evolutivo, el Ermitaño nos muestra nuestra luz interior. El Colgado, que en un tarot predictivo nos limita, aquí es una carta muy espiritual. Por eso empezaré explicando los siete niveles de evolución, para que te vayas impregnando de esta nueva mirada.

Tarot evolutivo
(los 7 niveles de evolución)

Para entender mejor estas lecturas, necesitamos explicar los niveles de evolución, que nos permitirán entender mejor el significado de las cartas, que hasta el momento hemos trabajando solamente a nivel predictivo. Son las mismas, pero vistas desde un prisma un poco diferente.

*H*ay muchas maneras de clasificar los niveles de evolución. A continuación te explico la clasificación que a mí más me ha servido para entenderlos.

- Físico
- Emocional
- Mental
- Intuitivo
- Espiritual
- Voluntad
- Etapa de la vida que dirige la actitud de la cabeza hacia la vida eterna. También la podemos llamar etapa del héroe/heroína.

Los 7 niveles de evolución

7. Nivel héroe/heroína

3. Nivel mental

6. Nivel voluntad

2. Nivel emocional

5. Nivel espiritual

1. Nivel físico

4. Nivel intuitivo

Primer nivel de conciencia: Físico. Emperatriz, Emperador y Diablo

Es la etapa en la que tomamos conciencia de nuestro cuerpo. Es en la que atendemos a nuestras necesidades físicas: comida, alojamiento, bienes materiales. En esta etapa los instintos son básicos: el cuerpo necesita alimentos para funcionar, sexo para la reproducción. Somos primarios tenemos envidia, somos perezosos, agresivos…

La Emperatriz + el Emperador: Representan a la persona más terrenal, su poder radica en la Tierra, los dos llevan una corona y un cetro símbolos del poder de los reyes, tienen un escudo para defenderse. La Emperatriz tiene que aprender a disfrutar de todo lo bueno que la vida le ofrece y a conectar con su potencial creativo. El Emperador tiene que aprender a cubrir sus necesidades básicas.

El Diablo: Nos conecta con nuestra parte física, con nuestros instintos de supervivencia, de reproducción, de alimentación, etc. Es la parte más instintiva y primitiva.

Segundo nivel de conciencia: Emocional. Enamorados, Rueda y Loco

En esta etapa ya hemos superado la parte más materialista y terrenal. Empezamos a ser conscientes de nuestras emociones, de nuestros sentimientos y de la gente que nos rodea. Comprendemos que no estamos solos.

Los Enamorados: Nos conectan con la necesidad de querer y ser queridos. El ser humano necesita afecto para desarrollarse. Con esta carta aprendemos a querernos, a valorarnos y a buscar este afecto también en los demás.

La Rueda: Todos estos sentimientos anteriores nos llevan a querer evolucionar, queremos que estos sentimientos sigan repitiéndose en nuestra vida, que fluyan y que vayan avanzando. Nos damos cuenta de que cuando damos amor, también lo recibimos.

El Loco: Representa el amor altruista, el amor que damos sin esperar nada a cambio.

Tercer nivel de conciencia: Mental. Mago, Justicia y Ermitaño

En esta etapa empezamos a pensar, analizar y reflexionar. Nos damos cuenta de que somos seres inteligentes y que tenemos enormes posibilidades a todos los niveles.

El Mago: Tenemos una inteligencia práctica que nos permite resolver nuestros problemas y conflictos diarios. Nos ayuda a sacar el máximo partido de nuestras circunstancias. Nos facilita la comunicación y el poder realizar todo aquello que tenemos en nuestra mente. Nos damos cuenta de que podemos crear e inventar.

La Justicia: Nos ayuda a analizar los pros y los contras de las cosas. Es una mente que nos permite analizar, clasificar la información que obtenemos. Una vez razonado el tema, la Justicia nos permite llegar a un compromiso y a aceptar las consecuencias que se deriven de éste.

El Ermitaño: Con la inteligencia práctica (Mago) y con la inteligencia más intelectual e inquieta (Justicia) no tenemos bastante. El Ermitaño nos ayuda a interiorizar y a escuchar nuestro interior, a investigar dentro y fuera de nosotros. Investiga y busca respuestas a temas profundos y transcendentales.

Cuarto nivel de conciencia: Intuitivo. Luna, Estrella y Templanza

En esta etapa es en la que somos conscientes y nos damos cuenta de que tenemos percepciones, sensaciones que van más allá de los sentidos y que a nuestra inteligencia le cuesta entenderlos. Ello nos hace pensar en que estamos conectados con otras dimensiones que van más allá de lo que nuestros sentidos y nuestra mente nos dicen.

La Luna: Representa nuestras emociones internas, la sensibilidad, la intuición, aquello que no se ve y nosotros podemos «ver». Con la Luna podemos percibir las cosas a través de la piel o del cuerpo, notamos algo: piel de gallina, inquietud… Obtenemos, sin más, una respuesta que estábamos buscando, pensamos en una persona y nos llama…

La Estrella: Con la Estrella estas percepciones son más claras, en forma de *flash* o de visión. Estamos en conexión con el cosmos. Somos conscientes de que hay muchas otras dimensiones, de la influencia de los astros…

La Templanza: Una vez que experimentamos una de las dos formas anteriores o ambas, sabemos que es importante dejarnos fluir, dar y recibir. La Templanza también representa entidades superiores con las que uno puede contactar y nos conecta con nuestra alma.

Quinto nivel de conciencia: Espiritual. Sumo Sacerdote, Sacerdotisa, Colgado y Juicio

En esta etapa, la espiritualidad, la religiosidad y las creencias tienen una gran importancia. Son creencias que sentimos, compartimos y nos llevan a ver la vida desde otro punto de vista.

El Sumo Sacerdote y la Sacerdotisa: Son cartas espirituales, si nos fijamos bien, llevan en la cabeza dos «tiaras papales», el Sumo Sacerdote lleva un báculo en vez de un cetro, y la Sacerdotisa un libro. La Sacerdotisa nos conecta con la espiritualidad innata que todos tenemos. El Sumo Sacerdote, a través de sus creencias, nos ayuda a conectar con lo espiritual.

El Colgado: Es una carta de mucha espiritualidad, sus pies apuntan al cielo, éste es su sentido de vida. Entiende y acepta los sacrificios que tiene que hacer y les da un sentido. La entrega a los demás es uno de sus valores. Representa la meditación y la oración, ambos importantes para la espiritualidad verdadera.

El Juicio: Con todo ello tomamos conciencia de que somos algo más que materia, ahora sabemos a ciencia cierta que hay algo después de la muerte, que trascendemos, y esto nos hace replantearnos muchas cosas, incluso nuestra vida y los motivos por los que vivimos, es una carta que nunca nos deja igual, nos lleva a actuar en consecuencia.

Sexto nivel de conciencia: Voluntad. Fuerza, Sol, Torre y Muerte

Ésta es una etapa crucial en la que, una vez que somos conscientes de nuestra espiritualidad, tenemos que tener la voluntad firme de poder llevarla a cabo en nuestra vida. Que no quede solamente en pensamientos e intenciones. En una palabra, debemos ser consecuentes con nuestras creencias y vivir una vida verdadera.

La Fuerza: Con esta carta encontramos la fuerza interior para saber cuál es nuestro camino. La fuerza física para poder actuar en consecuencia y poder controlar nuestra parte más instintiva y básica (nivel físico). La fuerza interior para vencer cualquier obstáculo.

El Sol: Con el Sol tenemos la confianza en nosotros mismos, vemos las cosas claras, sabemos lo que queremos. Nos aceptamos como somos y nos mostramos como tal. El Sol representa el amor fraternal, el cuidar y hacer cosas para los demás, en este nivel las hacemos con sentido, con un fin, por unas creencias. Es la conciencia, es cuando sabemos claramente quiénes somos y a qué hemos venido.

La Torre: Hace que nos liberemos de todo aquello que nos limita y que no nos deja avanzar, debemos tirar todo lo que nos lastra, debemos quemar (llama de fuego que entra en la Torre) todas nuestras viejas costumbres o creencias que no nos dejan evolucionar. Esta liberación ha de ser pública y debe mostrarse a los demás para dar ejemplo.

La Muerte: Con todo, debemos hacer cambios, transformaciones personales y de nuestro entorno, debemos dejar el mundo y nuestro entorno mejor de lo que lo hemos encontrado.

Séptimo nivel de conciencia: Etapa de la vida que dirige la actitud de la cabeza hacia la vida eterna. Carro y Mundo

Ésta es la etapa más importante, pues es en la que uno decide dar sentido a la vida. Es fácil de decir, pero difícil de realizar, necesitamos la ayuda y las dificultades de seis etapas para entenderlo.

El Carro: Es la carta del «héroe/heroína» que somos cada uno de nosotros cuando aceptamos nuestra misión y decidimos llevarla a cabo con valentía, sin temer a las caídas. Es cuando cogemos las riendas de nuestra vida y avanzamos en el camino adecuado.

El Mundo: Aceptamos y avanzamos, con el Carro, como héroes, porque esto es lo que nos llena, lo que nos hace sentirnos realizados. Y esta evolución y este camino lo hacemos en nuestro mundo interno, pero debe trascender también al mundo externo que nos rodea y en el que vivimos.

Ahora que ya hemos visto los 22 arcanos desde el punto de vista de los 7 niveles de evolución, ya estamos preparados para poder hacer una lectura y poder mirar la evolución del consultante. También puedes mirar la tuya, y es algo que recomiendo. Vamos a ver un ejemplo. En este caso, lo que hacemos es mirar sólo las cartas que rodean a nuestro consultante, que nos indicarán su evolución. Y acabaremos con la conclusión y también podemos hacer alguna diagonal.

Ejemplo lectura evolutiva

Una mujer de 43 años que ha venido a nuestra consulta y después de haberle mirado los temas concretos, nos ha preguntado por su evolución personal y espiritual.

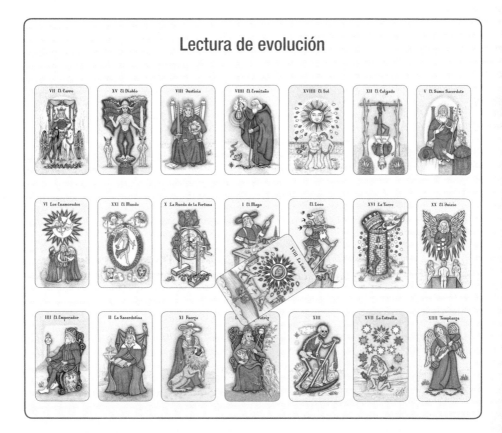

Consultante

En este caso, para ver su evolución personal y espiritual analizaremos las cartas que rodean a que representa a nuestra consultante.

Posición. Nuestra consultante, la Emperatriz, esta situada en la línea inferior. Esto indica que en estos momentos esta pasiva en su nivel evolutivo. Es un momento en el que está reflexionando y pensando. Tiene una visibilidad correcta de lo que acontece a su alrededor, ve un 50 %.

Evolución

Si observamos las cartas que la rodean a ambos lados (Fuerza y Muerte), son del nivel de voluntad, y en la cabeza dos son del nivel emocional (Rueda y Loco), una del nivel mental (Mago). Y encima de su mente cerrando la lectura está la Luna (nivel intuitivo).

La carta que tiene delante nos dice que está en unos momentos de gran transformación interna. Es consciente de sus estructuras internas y las está cambiando, tiene la voluntad de hacerlo y ha aceptado este cambio tan importante. Encima de este cambio está el Loco, que la llevará a ser mucho más emotiva y altruista.

Detrás de ella encontramos otra carta del nivel de voluntad, la Fuerza, de la cual no acaba de ser consciente. No ve la gran fuerza interior que posee, que en otras circunstancias anteriores, en su pasado, ella ha demostrado (Rueda y Fuerza detrás). En el pasado ella ha querido controlar (Rueda) demasiado sus circunstancias emocionales (Rueda).

Encima de la cabeza tiene la carta del Mago. Aquí el Mago se siente a gusto, pues está en la zona mental. Es una mujer con una mente creativa, capaz de concretar y materializar sus ideas. En su proceso creativo, confía mucho en la intuición (Luna), que utiliza para ayudar y relacionarse emocionalmente con los demás (Rueda y Loco).

Diagonales

Pasado: Empezamos con los Enamorados, este ciclo lo empezó con un nivel emocional básico, en el que necesitaba amar y ser amada. Pero llegó el Diablo, que la volvió quizás demasiado instintiva y se olvidó la entrega y el pensar en los demás y fue muy egoísta. Las circunstancias la ayudaron a volver a su nivel emocional (Rueda), que la han llevado donde está hoy.

Futuro: Estaba y seguirá estando en el nivel emocional, pero en el amor más altruista y desinteresado, en este ciclo habrá pasado por las tres cartas emocionales. Esto la llevará a conectar con su parte más espiritual (Colgado), subiendo su nivel de conciencia (Juicio), que le permitirá trabajar con la intuición a un nivel más alto combinando la parte intuitiva y la espiritual.

Conclusiones

El Carro es la primera carta que nos ha salido, el nivel más alto en el que está en este ciclo, es consciente de que ha empezado un ciclo importante, junto con la espiritualidad y las creencias del Sumo Sacerdote. A través de su mente y su trabajo (Mago), conecta y deja fluir su intuición, que defiende y consolida (Emperador). Gracias a esta actitud podrá seguir fluyendo intuitivamente. Si nos fijamos bien en las conclusiones, tenemos el Carro del nivel 7 del propósito y una carta espiritual, el Sumo Sacerdote. Nos habla de un camino espiritual y con valores (Sumo Sacerdote). A través del nivel mental del Mago, que defiende con el Emperador, material, y dos cartas intuitivas, Luna y Estrella, que cierran la conclusiones que nos podrían remarcar este propósito intuitivo.

El karma

> *¿Cuántas veces hemos oído denominar a algo kármico?*
> *Éste es un tema delicado y debemos ser muy cautelosos a la hora*
> *de nuestras interpretaciones. Las tres cartas kármicas nos permitirán*
> *saber cuál es nuestro karma, lo que debemos aprender y en qué*
> *circunstancias se manifiesta.*

$\mathscr{A}$ntes de empezar a explicar el tema, me gustaría hacer algunas aclaraciones y sugerencias. Quizás la primera y más importante es no mezclar el tarot psicológico y predictivo con el kármico. Si estoy haciendo una lectura de trabajo y me sale la carta de la Justicia al lado del Mago, en el 99 % de los casos me estará hablando del contrato laboral. Si me sale la carta de la Justicia al lado de los Enamorados, me estará hablando del compromiso sentimental. Si en algún momento intuimos que puede estar relacionado con algo kármico, yo aconsejo preguntar al consultante si desea que le hagamos una lectura kármica sobre el tema para poder profundizar. De esta manera podremos hacer una buena lectura kármica con conceptos claros, en la que podremos orientar, especificar y aconsejar bien a la persona que ha venido a nosotros. Explico esto porque es muy frecuente que nos encontremos con personas a las que su tarotista les dijo que era una relación o trabajo kármico. Y cuando les pides más explicaciones, te responden que no les dijo nada más. Entonces estamos haciendo un mal tarot, porque no estamos aclarando qué quiere decir esto. Estas situaciones pueden generar malentendidos: una mujer que está aguantando a esa pareja tóxica porque le dijeron que era una pareja kármica. Igual el karma era que debía aprender a cortar con relaciones tóxicas, pero el tarotista no sabía más.

El concepto de karma se pone de moda en Occidente en los años sesenta y proviene de las doctrinas budistas e hinduistas. Es la ley cósmica de causa-efecto. Nos explica lo que vivimos como respuesta a nuestras acciones pasadas, tanto de esta vida como de vidas anteriores. Según la ley del karma, en cada una de nuestras existencias vamos realizando aprendizajes que nos permiten ir evolucionando.

El karma determina las condiciones bajo las cuales vamos a volver a la vida: familia, entorno, país, habilidades, físico, etc. Así, vida tras vida, vamos aprendiendo y evolucionando.

Comprender las causas que provocan los efectos que hoy se manifiestan en nuestra vida nos permite cambiar nuestro destino. Y esto es lo que vamos a trabajar en este capítulo de tarot kármico.

El karma puede ser:

- Individual
- Familiar
- Colectivo (nacional, mundial, etc.)

Las 3 cartas kármicas por excelencia son la Justicia, el Ermitaño y la Rueda.

Justicia: Ésta es la carta con la que vemos el karma. Con la balanza mide nuestros actos y con la espada imparte justicia divina. En la lectura, si miramos la carta que está al lado de la balanza, podremos ver qué es lo que debemos valorar y sopesar en estos momentos de nuestra vida. La carta que está al lado de la espada es lo que deberíamos cortar.

1 — Lo que debería cortar

El karma

2 — Lo que debería analizar

Rueda: Nos habla de las circunstancias que tendremos que vivir y todo lo que deberemos repetir. Observando la carta que está al lado del animal que va hacia arriba podremos ver qué circunstancias nos ayudan a evolucionar y avanzar. Las cartas que están al lado del animal que va hacia abajo nos dirán las circunstancias que estamos repitiendo o las circunstancias que hacen que involucionemos.

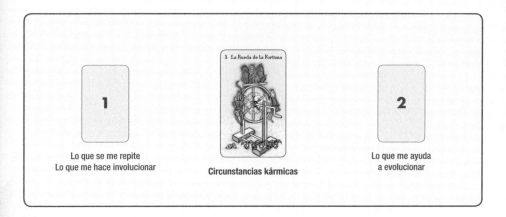

Ermitaño: Es el aprendizaje que deberemos realizar. La carta que esté delante de su farolillo nos indicará lo que debemos iluminar. La carta que está detrás del Ermitaño nos dirá que estamos cargando.

Para poder ver el karma en la lectura de las 22 cartas, miraremos cómo está nuestro consultante y analizaremos las 3 cartas kármicas teniendo en cuenta lo que acabamos de explicar. Para finalizar veremos las conclusiones.

Meditación kármica

Sólo debe realizarse si se conocen bien los arcanos mayores del tarot. Entraremos en la carta, contactaremos con ella y recibiremos su mensaje.

Ante todo, necesitamos un lugar tranquilo y en el que nos encontremos a gusto, una ropa cómoda, luz tenue, incienso y si nos ayuda, música relajante.

Tomaremos los arcanos mayores y nos concentraremos preguntando a las cartas: «¿Cuál es la carta que necesito en estos momentos y qué debo trabajar kármicamente?».

Una vez que estemos dispuestos y en el sitio adecuado, podemos estirarnos si disponemos de una camilla o un futón, o podemos hacerlo sentados, siempre que estemos cómodos y con la espalda recta, puede ser en una silla o mejor en posición de yoga.

Nos tomaremos unos momentos en los que nos centraremos en el «aquí y ahora», tomando conciencia de lo que vamos a hacer y de la importancia que tienen para nosotros.

Realizaremos tres respiraciones profundas: una inspiración profunda de 5 segundos (llenamos la parte alta del abdomen y la parte baja), retenemos 3 segundos y espiramos lentamente 5 segundos. En todo este proceso tendremos la mente en blanco y solamente nos centraremos en nuestra respiración.

Cogeremos la carta del tarot que nos haya salido y la contemplaremos durante unos minutos, nos fijaremos en cada detalle, hasta que nos quede impresa en la mente. Entonces, cerraremos los ojos y visualizaremos la carta, repasaremos cada detalle. Visualizaremos que la carta se va haciendo grande hasta llegar a tamaño natural.

Visualizaremos una puerta en la carta (las puertas simbolizan umbrales a otros mundos), nos acercaremos a esta puerta, la abriremos y entraremos en la carta. Una vez dentro empezaremos a interactuar con ella, primero observando y tocando cada uno de los elementos, experimentando sensaciones, nos tomaremos el tiempo necesario. Veremos como el personaje de la carta se va moviendo, nos acercaremos a él y le preguntaremos qué es lo que debemos trabajar en estos momentos.

Una vez que hayamos terminado, o que el personaje no nos diga nada más, daremos las gracias, nos despediremos, nos marcharemos y cerraremos la puerta. Es importante que la puerta quede cerrada.

Poco a poco repasaremos el aquí y ahora, y anotaremos en nuestro cuaderno la experiencia.

Ejemplo de lectura kármica

Nuestra clienta es una mujer de 37 años. Está pasando por una crisis existencial y nos pregunta por su karma, por su aprendizaje en estos momentos.

Consultante

Posición. Nuestra consultante está situada en la hilera superior, quiere decir que está activa respecto a su karma, es una persona que ha tomado conciencia kármica. Tiene una buena visibilidad, un 80 %, esto nos indica que sabe hacia dónde va kármicamente, está abierta a su experiencia personal.

Psicología. Si observamos las cartas que la rodean, podemos ver que tiene la carta del Ermitaño enfrente, esto nos indica que es consciente del aprendizaje, y que está en ello. Está trabajando su karma, buscando en su interior las respuestas, la luz. Debajo de la carta del Ermitaño encontramos la Templanza, que quiere decir que ella se está dejando fluir en este proceso personal, está buscando el contacto con su alma.

Debajo tiene el Juicio, está tomando conciencia de su trascendencia, es otra carta de apertura a lo espiritual que le está facilitando este proceso interior. Detrás tiene el Mago, no es consciente de todos sus recursos y habilidades, también puede ser que aún no sepa aplicar en la vida cotidiana todas estas experiencias que está viviendo. Y el Loco, que no ve, nos habla de este principio y fin de su manera de vivir.

Justicia/Karma

Está en conclusión, esto nos remarca que nuestra consultante está en ello, pero no está en su campo de visión, por lo que ella no acaba de ser consciente de ello. La Justicia está rodeada de cartas complejas, la Torre, el Loco y el Diablo. Ello nos indica que ha pasado (porque está a sus espaldas) por unas experiencias duras y complicadas (Diablo), algo inesperado (Loco) y que ha hecho que se le desmoronara todo lo que había construido (Torre). Si nos fijamos bien, podemos observar que el Diablo está al lado de las balanzas, deberá valorar sus instintos.

Diagonales del futuro de la Justicia.

Justicia: Kármicamente, acaba de empezar una nueva etapa (Loco, detrás) de la cual aún no es consciente. Emperatriz: Está intentando fluir y va a tener que ver las cosas desde otro punto de vista más espiritual (Templanza y Colgado) y conectando con su espiritualidad. Pero lo conseguirá con el Carro, avanzará, cogerá este nuevo camino en el que sabrá tomar las decisiones adecuadas desde el corazón (Enamorados) y logrará conectar con su interior y evolucionar como persona (Sacerdotisa).

Rueda/Circunstancias kármicas

La carta de la Rueda de la Fortuna está en su zona de visibilidad de la Emperatriz, esto indica que ve o puede ver estas circunstancias. Si miramos las cartas que rodean a la Rueda, observamos que a los dos lados tiene personas (Sol, Carro y Emperador), por lo que podemos ver que estas circunstancias que debe experimentar serán en grupo, no sola. El Sol, el Carro y el Emperador todos juntos nos puede hablar de hermanos o hijos, en este caso mínimo tres. El Emperador también nos puede hablar de la pareja, por lo que ya podemos decir que las circunstancias son familiares, todos ellos masculinos. Deberá aprender a fluir, comunicarse y adaptarse a ellos, buscando un dar y recibir (Templanza), y el Juicio nos dice que deberá darle un sentido trascendental. El Juicio también nos habla de perdón, igual tiene que perdonar algo de su linaje masculino. Encima tenemos el Colgado, que cierra la lectura, por lo que nos puede estar indicando que nuestra consultante está conectando con su parte espiritual.

Es Sol está en la posición de la repetición o involución, puede indicarnos que cuando ella se deja llevar por los demás, no avanza. Cuando ella toma las riendas de su vida y dirige sus pasos, avanza.

Ermitaño/Aprendizaje

Delante del Ermitaño, iluminada por su lámpara, está nuestra consultante. El Ermitaño le está diciendo, que tiene que mirar dentro de sí misma. Detrás del Ermitaño está la Fuerza que nos dice que ella carga con la necesidad de controlarlo todo. Esta idea queda reforzada porque debajo de la Fuerza está la carta del Emperador. Debajo de este Ermitaño tenemos otra vez las cartas de la Templanza, el Juicio y el Colgado, tres cartas espirituales que están guiando a nuestra clienta por este nuevo sendero.

Conclusiones

La Muerte nos dice que está en un proceso de transformación importante. Cuenta con la capacidad de conectar con su interior (Sacerdotisa)y con la espiritualidad reforzada por la Templanza y el Colgado. Es su momento kármico (Justicia) para encontrar el camino que la llene y la haga sentir completa (Mundo).

El más allá

> *En la consulta nos encontramos con todos aquellos temas*
> *que preocupan a las personas. Uno de éstos está relacionado*
> *con la pérdida de los seres queridos. Las preguntas más frecuentes*
> *son si han pasado a la luz y si tienen algún mensaje.*

*P*ara poder gestionar bien estos temas, creo que es interesante poder ver las etapas del duelo y las cartas que les corresponden, de esta manera podremos reconocer en qué situación y etapa del duelo está la persona que viene a nosotros.

- **Fase de la negación/Colgado.** Es aquel momento en el que no nos podemos creer que esto nos esté pasando a nosotros. Nos sentimos incapaces de aceptar la pérdida.
- **Fase de la ira/Diablo.** Nos sentimos enfadados, contrariados por lo que nos está pasando. Sentimos que es injusto, que no debería haber sucedido.
- **Fase de la negociación/Templanza.** Pensamos en lo que deberíamos haber hecho y no hicimos, sentimos la necesidad de poder conectar con un «ser superior» y negociar para que nos devuelva al ser querido. Necesitamos que sea un sueño y para que sea así hacemos promesas: «Si vuelve, no volveré a…».

- **Fase de depresión/Luna.** Nos sentimos tristes, abatidos, vacíos.
- **Fase de aceptación/Juicio.** Nos damos cuenta y tomamos conciencia de que el ser querido nos ha dejado y no nos queda más remedio que aceptarlo.

El siguiente paso es cómo podemos ver con el tarot que una persona ha «trascendido» o «traspasado» o ido a la «luz». Lo primero que deberemos hacer es preguntar a nuestro consultante por quién pregunta y tendremos que codificarlo. Si nos preguntan por su padre (Sumo Sacerdote), si nos preguntan por la madre (Sacerdotisa), si es un hermano (Emperador o Carro), si es una hermana (Emperatriz o Estrella). En función de la carta que acompañe al personaje codificado podremos ver si ha traspasado.

Imaginemos que estamos preguntando por el padre (Sumo Sacerdote).

- Sumo Sacerdote + Sol: Ya está en la luz.
- Sumo Sacerdote + Loco: Ya ha emprendido su viaje a la luz.
- Sumo Sacerdote + Juicio: Su alma ha sido llamada y ha traspasado.
- Sumo Sacerdote + Templanza: Su alma ya ha emprendido su camino.
- Sumo Sacerdote + Rueda: Su alma ya se ha reencarnado otra vez.
- Sumo Sacerdote + Colgado: Su alma está todavía entre nosotros porque tiene algo pendiente.
- Sumo Sacerdote + Diablo: Está atado todavía a este mundo terrenal.

A continuación, vamos a poner un ejemplo para que se pueda entender mejor.

Ejemplo de lectura para ver si una persona fallecida ha traspasado

Nuestro consultante es un hombre de 55 años que recientemente ha perdido a su madre, está muy triste y nos pregunta si su madre descansa en paz y está en la luz.

Lectura paso al más allá

Consultante

Posición. Nuestro consultante es un Emperador que está en la hilera del medio, por lo que está intentando tomarse las cosas con tranquilidad. Tiene poca visión y no ve a la Sacerdotisa que representa a su madre fallecida.

Psicología. Lo primero que observamos es que tiene tres de las cartas de las fases de duelo. El Colgado que tiene delante nos indica que está en la fase de aceptación, y encima está la Luna, que nos indica la fase de tristeza en la que todavía está. El Ermitaño que tiene encima de la cabeza nos indica que está reflexionando y recordando las experiencias vividas con su madre y lo mucho que le quiso (Enamorados). Ya ha superado la fase de la rabia, el Diablo está detrás. Debajo tiene al Mago, que nos indica que tiene recursos para gestionar el duelo, que ha sido una persona fuerte y que ha sabido gestionar sus emociones (Fuerza). La Justicia nos indica que está buscando su equilibrio.

Diagonal del Emperador. Miraremos las diagonales del futuro para ver como irá gestionando su duelo. La Luna nos indica que todavía pasará un tiempo conectado con la tristeza y la melancolía, pero también vemos a la Emperatriz, que le apoya y está pendiente de él. La otra diagonal pasa por la carta de la Justicia, que nos vuelve a decir que seguirá buscando su equilibrio y va a la misma Emperatriz. Podemos ver que estará entre la tristeza y la búsqueda del equilibrio.

Sacerdotisa/Madre fallecida

Posición. Buscamos a la Sacerdotisa en la lectura, vemos que está en la parte superior, esto nos indica que su traspaso ha sido rápido. Está en conclusión, así lo ha querido su alma.

Delante tiene la carta del Juicio, nos indica que su alma ya ha trascendido, ha resucitado. Debajo está el Carro, una carta de movimiento, que junto con la Muerte (al lado) nos marca que su vida se interrumpió para emprender un nuevo rumbo. Debajo del Carro está la Templanza, un nuevo camino guiado por su alma.

Delante de la Sacerdotisa, a su misma altura, está la carta del Sumo Sacerdote. Esto nos podría indicar que su madre se ha ido para reunirse con su padre (primero le preguntaremos a nuestro consultante si su padre está vivo).

Conclusiones

El Sol nos puede hablar de que la Sacerdotisa está en la luz y también del apoyo que puede tener nuestro consultante de sus hermanos o amigos. La Sacerdotisa en conclusión nos remarca la importancia de esta madre para nuestro cliente. Con el Diablo y el Mundo podemos ver la fase del duelo que ha superado con éxito nuestro Emperador. El Loco y la Templanza nos indican otra vez que ella ha trascendido y que nuestro cliente podrá superar bien y con cierta calma la pérdida de su madre.

Mensajes del más allá

A veces nos podemos encontrar con personas que nos preguntan si tienen algún «mensaje del más allá». Generalmente de seres queridos que han fallecido. Esto les permite cerrar temas abiertos, el duelo, etc.

La carta que representa un «mensaje del más allá» es la carta del Juicio. Para saber si tenemos un mensaje del más allá deberemos tener la carta del Juicio al lado de nuestro consultante o en una de las conclusiones. Y las cartas que rodean al Juicio nos hablarán del mensaje y de quién lo manda.

Los mensajes que nos mandan no acostumbran a ser sobre cosas concretas, generalmente son sobre emociones, actitudes o consejos.

- Juicio + Enamorados: Mensaje de amor.
- Juicio + Estrella: Ten fe y confianza, que todo irá bien.
- Juicio + Templanza: Es un mensaje de protección
- Juicio + Ermitaño: Mensaje de necesidad de buscar nuestro camino interior.
- Juicio + Sol: El fallecido comunica que está en la luz.
- Juicio + Diablo: Advertencia de algún riesgo para la persona.
- Juicio + Rueda: Nos reencontraremos en otra reencarnación.
- Juicio + Muerte: Este mensaje generalmente lo vemos a través de sueños o señales en las que el fallecido avisa que ha fallecido a alguien que todavía no lo sabe.

Ejemplo de lectura de «mensaje del más allá»

Nuestra consultante es una mujer de 36 años. Hace 3 meses que su madre falleció de un accidente y no deja de soñar con ella. Esto le preocupa, cree que es una señal. Ha venido a nosotras para preguntar si su madre tiene algún mensaje para ella.

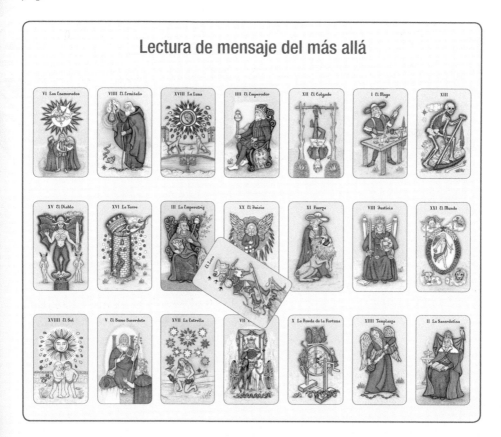

Lectura de mensaje del más allá

Consultante

Posición. Nuestra consultante, que es la Emperatriz, está en la hilera del centro, intenta tomarse la pérdida de su madre con calma. Tiene buena visión de lo que pasa a su alrededor.

Psicología. Nuestra consultante está en la fase de depresión del duelo, encima de su cabeza tiene la carta de la Luna, se siente triste y le cuesta asumir que su madre ya no está. Para ella ha sido una fuerte sacudida (Torre) que le pesa mentalmente (Ermitaño) y tiene a su padre o a algún especialista (Sumo Sacerdote) que está pendiente de ella. Debajo, tiene la Estrella, tiene fe y esperanza. Al tener la Luna encima y la Estrella debajo, nos indica que es una persona sensible y que tiene la capacidad para interpretar las señales. Delante de ella está el Juicio, nos indica que se está replanteando muchas cosas, está tomando conciencia de la trascendencia del ser humano. Se está cuestionando el porqué de todo y con el Loco le cuesta entenderlo. El Carro nos indica que está dispuesta a seguir adelante con su vida. Puede hacerlo porque el Emperador nos muestra que tiene el poder para hacerlo.

¿Tiene un mensaje del más allá?

Buscamos la carta del Juicio y observamos que está al lado de nuestra consultante y en conclusión. Esto nos indica que sí, hay un mensaje para ella.

Juicio/Mensaje

Si observamos la carta del Juicio, veremos que a su alrededor no sólo está la Emperatriz, sino que hay más cartas que representan personas (Emperador, Carro y Estrella) esto nos puede estar indicando que este mensaje no sólo es para nuestra consultante, sino que es también para el resto de la familia. La carta del Emperador y la Emperatriz comparten la carta de la Luna, ambos están tristes, están en la fase de depresión. El mensaje puede ser que tienen que empoderarse, que deben controlar su tristeza (Fuerza). La vida (Estrella) sigue (Carro) y deben aprovechar cada momento, cada circunstancia (Rueda) para aprender y progresar. La vida es breve (Loco).

Sacerdotisa

Está en conclusión, es relevante. Encima tiene la carta del Mundo, ella ya ha hecho todo lo que debía hacer en esta vida. Ha cumplido su karma (Justicia), partió porque era su hora. La Templanza nos indica que ella ha trascendido, pero recordemos que también es una carta de comunicación, por lo que también nos dice que tiene todavía algo que decir, que es el mensaje que está en el centro.

Conclusiones

La primera carta es la de los Enamorados, por lo que hay un mensaje de amor para la familia. La Muerte junto con el Juicio y el Loco son la manifestación de que la Sacerdotisa, que está también en conclusión, ha fallecido. Ella está en la luz (Sol). El mensaje de amor es para nuestra consultante, pero también para los demás (Sol).

Fenómenos paranormales

ⵉⵉⵉ

> *La consulta de tarot es un espacio de confianza, en el que el consultante se siente seguro y puede preguntar aquello que sienta con la tranquilidad que no será juzgado. Por eso nos hacen preguntas sobre si tienen algún «acompañante» o algún «fantasma» en su casa, etc.*

*P*ara desarrollar este tema lo dividiremos en las siguientes partes:

- Fenómenos que afectan directamente a la persona.
- Fenómenos que afectan a un lugar, casa, piso, etc.

Fenómenos que afectan directamente a la persona

a) Personas que se sienten protegidas.

Responderemos cuando el consultante nos pregunte si está protegido.

Hay dos cartas que nos protegen. Una es la Estrella, que nos aporta una protección más general y que haría referencia a un buen momento astrológico en el que las cosas se ponen bien para que todo fluya. La otra es la Templanza, que hace referencia a aquella protección más personalizada que cada uno codifica según sus creencias: ángel de la guarda, entidad[1] superior, etc.

---

1. A los fantasmas en parapsicología se les llama entidades o desencarnados.

b) Personas que se sienten «acompañadas».

Responderemos cuando el consultante nos pregunte si alguien lo «acompaña». Antes hemos mencionado unas cartas con las que nos sentimos protegidos: la Templanza y la Estrella. Si preguntamos concretamente por el tipo de acompañamiento y barajamos las cartas concentrándonos en la pregunta, podemos ver:

- Templanza: Ángel o entidad superior.
- Ermitaño: Acompañado o conectado con su guía interno.
- Sumo Sacerdote o Sacerdotisa + Muerte: Familiar fallecido.
- Loco: Entidad que no conoce.

Ejemplo de lectura de persona «acompañada»

Nuestra consultante es una mujer de 42 años que viene a la consulta y nos explica que está preocupada porque nota una presencia, como si hubiese alguien cerca de ella. Cuando se va a dormir alguna vez le ha parecido ver una sombra. Está preocupada porque no sabe si se lo está imaginando o puede ser algo malo. Quiere saber si alguien la acompaña.

Consultante

Posición. La Emperatriz está en la hilera inferior, tiene una posición pasiva y reflexiva. No es un tema que sea urgente. Tiene poca visión y poca perspectiva, por eso viene a preguntarnos.

Psicología. Si observamos las cartas que tiene en la cabeza, podemos ver con el Sumo Sacerdote que es una mujer de creencias y valores espirituales, más bien tradicional. Es inteligente, y le gusta tener las cosas controladas (Fuerza). La Fuerza mirando a la Luna nos indica que hay cosas que no controla, no entiende, y que con el tiempo irá confiando cada vez más en su intuición y sus sensaciones, pero siempre con un punto de control. Detrás tiene la carta de la Muerte, ha pasado grandes momentos de cambios que la llevaron a transformaciones personales. Delante tiene la carta de la Templanza, que nos indica que es empática, sabe conectar con sus emociones, es flexible y moderada. Si seguimos observando, vemos dos cartas espirituales (Sumo Sacerdote y Templanza), es una mujer con estas inquietudes. Y dos cartas con agua (Luna y Templanza), está conectada con sus emociones.

¿Nuestra consultante está acompañada?

Lo primero que vemos es que delante tiene la carta de la Templanza, esto nos indica que está protegida. Al estar delante, ella es consciente de esta protección o está conectada con su ángel. Por lo que nos indica que no es eso por lo que ella nos está preguntando.

Detrás de ella tiene las cartas del Sumo Sacerdote y la Muerte, ambas están juntas, esto nos indica que junto a ella hay un familiar masculino (Sumo Sacerdote) fallecido (Muerte). Ella no lo ve porque ambas cartas están detrás de ella, pero lo siente porque la están tocando. Nuestra consultante, al tener la Luna y la Templanza, nos indica que es una mujer sensible, pero con la Fuerza lo quiere controlar todo, y esto es lo que le impide ver a quien tiene cerca. Le comentamos que tiene un familiar masculino y ella nos cuenta que su padre está vivo, pero que ella estaba muy unida a su abuelo, que la había criado.

Conclusiones

La primera carta es del Juicio, la de los mensajes del más allá, y en este caso podemos relacionarlo porque son temas comunes. Por lo que vemos, este familiar tiene un mensaje para ella. Con el Ermitaño, le dice que él estará para iluminarle el camino cuando lo necesite. Que aproveche las circunstancias de la vida (Rueda de la Fortuna) y que haga siempre lo correcto (Justicia). Que fluya y que él la protegerá (Estrella y Templanza). Si seguimos observando, podemos ver que en las conclusiones están las tres cartas kármicas (Rueda, Ermitaño y Justicia), esto nos indica que su conexión era kármica, que ambos ya venían de otras «vidas» y que han hecho un aprendizaje común en esta vida.

En este caso, he podido combinar cartas kármicas, mensaje y entidades porque todas forman parte de este bloque de tarot evolutivo, kármico o espiritual. Lo que no aconsejo hacer es mezclar bloques.

Fenómenos que afectan a un lugar: casa, local…

En este apartado tenemos que dejar claro que para que en un lugar suceda «alguna cosa» o fenómeno paranormal, deberemos descartar primero todas las causas normales. Si se mueven las cosas, mirar que no haya corrientes de aire; si hay ruidos, que no sean los vecinos; si se encienden los electrodomésticos, que no sea un tema eléctrico…

Existen diferentes fenómenos:

a) Psicorragia. Es la energía de la propia persona. Es un fenómeno que se da en personas que están en un momento personal difícil o en momentos de cambios hormonales, como en la adolescencia o menopausia. El consultante no es consciente de ello. Esta energía descontrolada hace que las luces exploten, que los electrodomésticos se estropeen, las luces se encienden y se apagan solas, radios o televisores que se encienden o se apagan, etc.

- Consultante + Torre

b) Impregnación. Sucede en un lugar en el que ha quedado una energía.

- Colgado al lado de la Torre.

Cuando en clase explico este fenómeno, siempre cuento una experiencia que contaba mi amigo hipnólogo Jaume Bordas en sus conferencias y clases. Él, en su juventud, había sido parapsicólogo y había hecho investigaciones. En una de esas investigaciones fueron a estudiar una casa en la que cada día a las seis de la tarde aparecía la imagen de una señora que tocaba el piano. Investigaron quién vivía en aquella casa y descubrieron que allí vivía una pianista que todos los días tocaba el piano a aquella hora. Pero la mujer todavía vivía, estaba en una residencia, por lo que no podía ser una «entidad», aquello era una impregnación. La persona que vivía ahora allí era sensible y podía captar ese «rastro energético».

Impregnación positiva: Colgado (impregnación) + Sol. Por ejemplo, se oyen unas campanas porque allí había una iglesia que las tocaba, o la señora del piano.

Impregnación negativa: Colgado (impregnación) + Diablo. Lugar en el que ha habido algún suceso negativo y ha quedado la energía allí impregnada, pero en ningún caso están allí ni las personas ni las entidades, sólo ha quedado la energía. Por ejemplo, un campo de batalla, una casa donde ha habido un asesinato.

c) **Entidades** (Loco) (fantasmas) también llamadas «entidades» o «desencarnados».

Una vez que hemos descartado las causas naturales. La carta del Loco cerca de la Torre (casa o lugar) nos indicará que existe una entidad o fantasma.

- Entidad negativa: Loco + Diablo.
- Entidad que es una persona que vivía allí: Loco o Loco + Muerte (si no le conocemos).
- Loco o Muerte + Sumo Sacerdote o Sacerdotisa (familiares o conocidos).
- Entidad que va y viene: Loco + Juicio (puerta dimensional).
- Entidad que está atada, apegada: Loco + Colgado.

Tendremos que fijarnos dónde están estas combinaciones. Si están al lado de la Torre, esto nos indicará que los fenómenos pasan en la casa. O si están al lado del consultante, esto nos indicará que los fenómenos le pasan a nuestro consultante, por lo que no hace falta que se cambie de casa.

d) **Cosmotelurismo/contaminación electromagnética.** A veces las energías que sentimos provienen del propio lugar, no porque haya entidades. Son energías del subsuelo que pueden alterar los campos magnéticos. Para poder ver qué es lo que no está bien, deberemos tener la carta de la Luna (indica que hay algo que no está bien) al lado de la carta de la Torre (que representa al lugar). En estos casos, podemos aconsejar que busquen un especialista en feng shui, que les podrá ayudar.

- **Torre + Luna + Ermitaño:** Cosmotelurismo, puede haber un exceso de energía o una corriente de agua, etc.
- **Torre + Luna + Diablo:** Contaminación electromagnética. Puede ser que haya cerca de la casa una antena de telefonía o hay un exceso de ondas electromagnéticas.

Ejemplo de lectura de fenómenos paranormales en una casa

Mujer de 49 años quiere que le miremos su casa, pues dice que pasan cosas. Nos cuenta que la televisión se enciende por la noche o cuando no hay nadie y cuando llega a casa se la encuentra encendida. Y hay una habitación cuyas luces se encienden solas cuando ella entra. Se siente preocupada y quiere saber si hay un fantasma o qué pasa en su casa.

Lectura ¿hay un fantasma en mi casa?

Consultante

Posición. La Emperatriz está en la hilera central, intenta tomarse las cosas con calma. Tiene poca perspectiva, pero en su campo de visión está la casa.

Psicología. En su cabeza tiene dos cartas de pensamiento. Viene de una manera de pensar lógica y analizadora (Justicia) en la que le gustaba poder valorar y sopesar las cosas. Ahora su mente intenta profundizar y llegar al fondo de todo y se está haciendo preguntas profundas (Ermitaño). Tiende a ir hacia una manera de pensar más emocional, sensible y quizás artística, con ganas de disfrutar (Enamorados). Debajo, en su base, tenía la fuerza para gestionar todo aquello que hiciese falta (Fuerza). Ahora tiene el colgado, se enfrenta a sus propios límites intentado gestionar algo que la estresa (Diablo), que en este caso está relacionado con los sucesos en su casa. Delante tiene la carta de la Luna, que por un lado nos habla de su preocupación, que en contacto con el Diablo la agobia y la estresa. Por el otro lado, con los Enamorados nos habla de su sensibilidad, que hace que pueda ver y notar cosas que los demás no pueden. Con el Sumo Sacerdote y el Mago detrás, nos puede indicar que en el pasado ya fue a ver a algún especialista para intentar resolver el problema.

Por la edad de la consultante, 49 años, y por lo que nos ha contado, también puede haber un tema hormonal que esté influyendo. La Emperatriz está cerca de la Torre, y sólo las separa una carta, la Luna. Puede influenciar, pero sólo un poco, porque no está tocando directamente a la Torre.

Diagonales de la Emperatriz. Si hacemos las dos diagonales de futuro, podemos ver que este tema cada vez será más importante para ella. Diagonal superior de futuro: Se implicará cada vez más (Enamorados), y acabamos en la Torre, que es la casa. Diagonal inferior de futuro: Cada vez se estresará más (Diablo), y acabamos en la Torre.

¿Hay una entidad en casa?/Torre

Torre. Con esta carta, que es la casa, vamos a ver si está pasando algo. Vemos que tiene la carta de la Luna tocando a la Torre y nos dice que sí, realmente puede pasar algo. Luna y Diablo nos hablan de que en la casa puede haber contaminación electromagnética, por lo que le aconsejaremos que mire las antenas, que por la noche apague el rúter de Internet y desconecte los teléfonos, etc. Además, vemos que al lado del Diablo está la carta del Loco, y que el Loco también está tocando la Torre y está en conclusión. Esto nos indica que puede haber una entidad o fantasma. Al lado del Loco no está ni el Sumo Sacerdote ni la Sacerdotisa, por lo que la entidad no es nadie conocido ni de la familia. Al estar al lado del Diablo, se manifiesta a través de la electricidad y también de los electrodomésticos. Esto no quita que haya contaminación electromagnética, creo que en este caso lo fomenta. Al otro lado de la Torre tenemos el Sol y los Enamorados, esto nos suaviza los fenómenos. Nos dice que es una casa en la que hay un buen ambiente y que lo cuidan, y esto contra resta lo otro.

Conclusiones

La Estrella y el Sol nos dicen que la casa está protegida y hay buena energía. Pero sería bueno que buscasen a algún especialista (Sumo Sacerdote) que les diese recursos (Mago) a nivel de contaminación electromagnética y a nivel de parapsicología. Para que con el Carro y el Loco ayudasen a marcharse a la entidad.

3) Si están en su cabeza, son sus capacidades mentales.

4) Si está en su base, es que lo tiene asentado, forma parte de su base. Y puede venirle de familia o linaje.

Listado de facultades más comunes

ARCANO	FACULTADES
Mago	Capacidad para interpretar oráculos a partir del método: Mago + Templanza: Telepatía. Mago + Rueda: Telekinesia.
Sacerdotisa	Intuición. Registros akáshicos. Sacerdotisa + Mago: Escritura automática.
Emperatriz	No tiene, es una carta terrenal.
Emperador	No tiene, es una carta terrenal.
Sumo Sacerdote	Capacidad para aprender y enseñar temas esotéricos y ocultistas.
Enamorados	Conectar con las emociones de los demás, con lo que sienten.
Carro	Precognición: Capacidad de adelantase, de ver el futuro.
Justicia	No tiene. La utilizaremos para ver cómo podemos potenciar el don.
Ermitaño	Conectar con el guía interno. Radiestesia.
Rueda	Capacidad para moverse en el tiempo, ver el pasado, el presente y futuro.
Fuerza	Sanación, imposición de manos, reiki.
Colgado	Mediumnidad.
Muerte	Capacidad para acompañar en el traspaso. Conectar con entidades.
Templanza	Conectar con entidades superiores. Ángeles.
Diablo	Capacidad para poder sentir que va a pasar algo desagradable.
Torre	Anticipación a los imprevistos.
Estrella	Capacidad para interpretar las señales. *Flashes*.
Luna	Intuición.
Sol	Videncia.
Juicio	Capacidad para conectar con otras dimensiones. Viaje astral.
Mundo	Visión aural.
Loco	Capacidad de anticipación. Conexión con las entidades.

Origen de este don o estas facultades

Estas cartas deben estar en la base del consultante, detrás o en conclusión.

- Familiar: Sacerdotisa o Sumo Sacerdote. Justicia + Muerte.
- Fortuita: Loco o Rueda (por casualidad), Diablo (después de un accidente).
- Adquirida: Mago.

Duración de estas facultades

- Las hemos tenido siempre y las seguiremos teniendo: Ermitaño.
- Intermitentes: Loco.
- Cíclicamente, períodos más o menos largos: Rueda.

Cómo trabajar y potenciar nuestro don o facultad

Una vez detectado que el consultante tiene una facultad, podemos ver cómo puede trabajarla o potenciarla. Observando la carta de la Justicia, podremos ver qué podemos hacer para potenciar y mejorar nuestro don.

JUSTICIA	
+ Sol	Compartiendo con lo demás, amigos, hermanos. Y así coger confianza.
+ Sacerdotisa	Leyendo y estudiando.
+ Sumo Sacerdote	Buscando una escuela, un profesor, tutor.
+ Juicio	Tomando conciencia de ello, recogiéndonos, haciendo las preguntas adecuadas para recibir las respuestas necesarias.
+ Ermitaño	Con prudencia, buscando en nuestro interior.
+ Templanza	Intercambiando experiencias y opiniones.
+ Carro	Moviéndote y buscando nuevas versiones y visiones.
+ Torre	Desmontándolo todo y volviendo a empezar.
+ Loco	Buscando nuevos puntos de vista.
+ Estrella	Aprendiendo a ver e interpretar las señales.
+ Colgado	Haciendo meditación o rezando.
+ Fuerza	Controlando tu físico.
+ Luna	Trabajando y potenciando tu intuición.

Ejemplo de lectura para ver cuál es mi don

Consultante de 56 años que viene a la consulta. Es un tarotista amigo con el que un día nos reunimos y como siempre acabamos sacando las cartas y haciendo algunas lecturas. Ésta es una de ellas, en las que él preguntaba si tenía algún don.

Consultante

Posición. El Emperador está en la hilera del centro, nos indica que se toma el tema con tranquilidad. Tiene una buena perspectiva de la situación. No está en conclusión, no es clave ni decisivo y no está haciendo todo lo que podría.

Psicología/don. En este caso, analizaremos las cartas que le rodean mirando sus posibles facultades. Encima de su cabeza vemos la carta del Sol, que nos indica que tiene videncia, y con la Estrella la capacidad de tener *flashes* y de interpretar las señales. En el pasado era muy empático y conectaba con las emociones de los demás (Enamorados). Delante, que es lo que ve y cómo actúa, tiene el Mago, que representa a los oráculos, él es tarotista y astrólogo. Con el Loco se ve que los *flashes* que tiene son intermitentes. El Mago junto con el Sumo Sacerdote y el Loco, indica que esporádicamente da cursos de tarot y de astrología, lo que más hace son consultas. Debajo tiene la Emperatriz, disfruta de lo que hace y detrás tiene la Sacerdotisa, eso le viene de parte de su linaje femenino. La Sacerdotisa y la Luna le indican que en su pasado hubo una mujer sabia que se dedicaba a ayudar a los demás (Enamorados).

¿Cómo potenciar ese don/justicia?

La Justicia es la primera carta y está en una de las conclusiones, esto nos indica que es un tema clave e importante. Ahora observaremos las cartas que rodean a la Justicia.

La carta de la Torre nos dice que sería bueno que se liberase de prejuicios y rompiera con estructuras que ya no le sirven. Que en algunos ámbitos desmontase sus maneras de hacer y empezase de nuevo. La carta del Ermitaño le invita a observar y profundizar en él mismo para después poder ayudar a los demás. El Ermitaño es una carta kármica (podemos verla así porque estamos en este apartado de tarot evolutivo, espiritual y kármico), nos indica que su aprendizaje está relacionado con su don y que es importante que le ponga luz. La carta del Ermitaño es la carta número IX, es una carta de cierre, por lo que junto con la Torre nos dice que ha terminado una etapa, tiene que destruir para volver a construir una nueva manera de trabajar su don. La Templanza nos indica es una carta de moderación que le ayudará a fluir entre el Ermitaño y la Torre para que este proceso sea lo más fluido posible. La Templanza también es un ángel, por lo que estará protegido. Otra posibilidad es que él trabaje también con los ángeles, que le podrán ayudar en esta nueva etapa. (Hablo de esta nueva etapa porque ya he visto las conclusiones, de las que hablaré ahora).

Conclusiones

La primera carta de la conclusión es la Justicia, por lo que las cartas de las conclusiones nos hablarán de la importancia de trabajar y potenciar su don. La carta del Mundo nos dice que debe integrar todo lo que él utiliza, buscar la plenitud y encontrar su lugar en este ámbito. El Mago y el Loco nos dicen que tiene los recursos, pero que nos les está sacando todo el partido que podría (Loco) no los está potenciando al máximo. La Fuerza le dice que tiene la fuerza interior, la inteligencia y la voluntad para poder hacer que su don sea su camino de vida (Carro).

¿Me han hecho una magia?

> *A menudo solemos encontrarnos con personas que están pasando*
> *una mala temporada y nos preguntan si les han «hecho una magia».*
> *Aquí tendremos que mirar muchas cosas, no es tan fácil.*

¿Qué es «mal de ojo», «magia», «trabajo» o «yuyu»? (Telebulia)

Éstos son fenómenos en los que interviene en gran parte la sugestión. Por lo que nuestro consultante siempre tendrá noticias directas o indirectas que le remarquen y le digan que le van a hacer alguna magia.

Para que una magia pueda realizarse, tiene que haber una persona que tenga los conocimientos adecuados, en este caso, solamente pueden ser el Sumo Sacerdote y la Sacerdotisa. Si nos sale cualquier otro personaje –Emperador, Emperatriz, etc.–, éste le pueden poner muchas ganas, pero no tiene los conocimientos para obtener el resultado que quiere. Tendremos que ver «la magia» en sí mirando la carta del Mago. Al lado de éste debería estarla Luna y el Sumo Sacerdote o la Sacerdotisa. Estas tres cartas –Sumo Sacerdote o Sacerdotisa, Mago y Luna– deberán estar todas juntas, si no, no existirá «magia».

Tenemos que pensar que realizar una «magia» que pueda influenciar en el libre albedrío de otra persona o en su vida no es tarea fácil, no lo puede hacer cualquiera. Creo que esto lo pueden hacer muy pocas personas, porque requiere de un alto nivel de conocimiento. Cuando alguien lo tiene, tampoco se dedica a hacer «magias» a cualquiera y por cualquier motivo. Otra cosa es que hay muchos que se creen que sí pueden hacerlo, pero esto no quiere decir que estén preparados. Para que haya una «magia» deberemos tener siempre la combinación de estas tres cartas: Sumo Sacerdote o Sacerdotisa (personas sabias) + Mago (hace referencia al ritual) + Luna (son las energías). El orden no importa, pero se deben estar tocando.

Con este tema debemos ser muy prudentes, pues gran parte de la mala imagen de los tarotistas han sido las magias. Personas que se hacen llamar tarotistas utilizan y han utilizado el tarot para hacer creer a los clientes que les han hecho una «magia» y que ellos, por un precio X, se la quitarían. Ha sido y es una manera fácil de engañar y sacar dinero.

Cuando viene un consultante preguntando si le han hecho una «magia», tendremos que ver por qué lo cree. Generalmente es por dos motivos.

- Porque le han dicho que le han hecho una magia. En este caso, deberemos hacer la lectura para comprobarlo. Si ha sido alguien que se hacía llamar «tarotista», acostumbro a preguntar si le pedían dinero para quitar la magia, y con esto casi queda respondido, aunque también lo miro con el tarot.
- Porque está pasando un mal momento y cree que esto es debido a una magia. A veces es más fácil pensar que es porque me han hecho algo que no responsabilizarme del momento, esto es más laborioso. A veces es más fácil y menos doloroso decir que mi pareja me ha dejado porque le han hecho una magia, que afrontar que la cosa no andaba bien y asumir responsabilidades.

Tengo que decir que a lo largo de mis más de veinte años haciendo lecturas de tarot, me han preguntado muchísimas veces por el tema, pero han sido muy pocas las que he podido ver una magia real.

- **Como siempre, empezaremos observando al consultante:** Las cartas que rodeen a nuestro consultante son muy importantes, pero en este caso deberemos fijarnos muy bien en la carta que está en la parte superior, que nos habla de su mente.
- **Loco** en la parte superior o delante del consultante: Puede ser que la persona no esté muy bien mentalmente y todo lo que dice se lo imagina.
- **Luna** en la parte superior o delante del consultante: La persona no tiene las ideas muy claras, está pasando un momento de confusión y es fácilmente sugestionable.

- **Torre** en la parte superior o delante del consultante: Indicará que la persona está muy exaltada, demasiadas ideas en la cabeza y desordenadas. Esto puede favorecer que la persona esté poco centrada en un momento en el que le pasan muchas cosas.
- **Sumo Sacerdote y Sacerdotisa:** Personas con los conocimientos para llevar a cabo la magia. Las cartas que los rodeen nos darán la información acerca de ellos.
- **Mago:** Hace referencia al ritual de la liturgia de la magia. En este caso, lo que se mueve es energía, y la energía no es buena ni mala, es la finalidad la que nos indica si las magias son buenas, malas, o dudosas; a estas últimas las llamamos «grises».

Tipos de magias

Tal y como hemos dicho, partimos de la combinación necesaria:

SUMO SACERDOTE O SACERDOTISA + MAGO + LUNA	
+ Torre	Todo lo que haga o empiece se destruye.
+ Luna	Bajo tono anímico, tristeza y mala salud.
+ Muerte	Se cortan los caminos y las posibilidades.
+ Loco	Desorientación e incapacidad de pensar y tomar decisiones.
+ Diablo	Complicaciones varias y temas relacionados con el sexo.
+ Colgado	Bloqueos, ataduras. Impotencia.
+ Diablo + Colgado	Amarre sexual.

Protecciones y ayudas frente a las magias

Observando a nuestro consultante y las conclusiones, podemos ver diferentes cartas que nos pueden ayudar frente a las magias.

Al lado del consultante o en conclusión:

- Muerte: Capacidad para poder cortar la magia.
- Colgado: Capacidad para poder poner barreras a las magias.
- Templanza: Protección frente a las magias.
- Sol: Luz y energía que hacen que las magias no puedan influenciar o su influencia sea mucho menor.
- Ermitaño: Se protege con su capa que le hace invisible frente a las magias.

- Juicio: Toma de conciencia, se puede dar cuenta de que le están haciendo una magia y buscar soluciones.
- Mundo: Protección
- Fuerza: Es la fuerza mental y física para poder hacer frente a cualquier magia.

Y si no es una magia, ¿qué es lo que me está sucediendo?

Muchas veces nos encontraremos que no hay ninguna magia, pero debemos respetar y acompañar a nuestro cliente, que lo está pasando mal. Tendremos que buscar qué es lo que está sucediendo para poder explicárselo.

- Estrella + Torre = Momento astrológico. La Estrella rige la astrología y la Torre los imprevistos.
- Con las cartas kármicas es un aprendizaje que debe vivir y del que debe aprender, que le viene de esta vida o quizás de otro momento:
  - Justicia: Es consecuencia de sus propios actos.
  - Rueda: Circunstancias que debe vivir para aprender a aprovechar el momento para dar un giro a su vida y crecer y mejorar como persona.
  - Ermitaño: Necesidad de iluminar el interior, cerrar temas y aprender.

Cuando no se da la combinación de «magia» (Sumo Sacerdote o Sacerdotisa + Luna + Mago) y las cartas negativas están al lado de nuestro consultante, nos indica que lo que le está sucediendo es debido a él:

- Consultante + Luna: Estado anímico bajo, falta de energía, salud débil.
- Consultante + Diablo: Ansiedad, estrés, nerviosismo.
- Consultante + Torre: Exaltación, precipitación, sensación de desbordamiento, desmoronamiento de estructuras y de sus bases, que hasta el momento le servían.
- Consultante + Muerte: Momento de grandes cambios e incapacidad de asumirlos.
- Consultante + Colgado: Situación de bloqueo por rigidez e incapacidad de asumir el sacrificio necesario en un momento determinado, incapacidad de poner límites.

Ejemplo de lectura, «¿Me han hecho una magia?»

Nuestra consultante es una mujer de 59 años que viene a la consulta muy estresada porque ha tenido una mala temporada. Cree que lo que le ha pasado sólo puede ser posible porque le han hecho una «magia» y viene a preguntárnoslo.

Lectura «¿Me han hecho magia»?

Consultante

Posición. Nuestra consultante está en la hilera inferior, tiene una actitud pasiva, receptiva y reflexiva. Ve la mitad de lo que pasa a su alrededor, lo damos por correcto. Pero no está viendo ninguna de las cartas que representan las «magias». Esto sólo puede indicar o que no se la han hecho o que ha sido en el pasado, porque están detrás de ella.

Psicología. Si empezamos mirando las cartas que tiene en su mente, vemos que en el pasado ella cambió (Muerte) sus ideas y maneras de pensar radicalmente. Ahora está ilusionada con algún nuevo proyecto o idea (Estrella), pero a la vez estresada y nerviosa (Diablo) porque no sabe cómo evolucionarán las cosas (Rueda). Siente que a veces sus pensamientos son optimistas y esperanzadores (Estrella + Rueda) y otras veces se siente atrapada en una espiral de estrés en la que se siente agobiada (Diablo + Rueda). Detrás tiene la carta del Carro, intentó arrancar algo y tomar un nuevo rumbo, pero su camino se interrumpió (entre el Carro y la Estrella está la Muerte). En el presente está intentando comprender todo lo que le ha pasado y se lo está cuestionando todo (Juicio), se está preguntando si esto fue por una «magia».

¿Me han hecho una magia?

Si observamos bien, sí que podemos ver que en la lectura está la combinación que nos indica «magia». Tenemos un Sumo Sacerdote que tiene el conocimiento necesario. Delante de él está la carta de la Luna, que representa las energías. Debajo de la Luna está el Mago, que representa la liturgia de la magia. El Sumo Sacerdote está tocando, aunque sea por esquina, al Mago. Si seguimos mirando, vemos que la Torre está al lado de esta combinación, debajo del Sumo Sacerdote y al lado del Mago, nos indicaría una «magia» para que las cosas que ella iniciase se interrumpan, se desmoronen o se derrumben. Pero estas cartas están detrás de ella, quiere decir que fue en un pasado.

Nos queda confirmado con el pasado de nuestra consultante, cuando se le interrumpió el inicio de algún proyecto (Muerte + Carro). Podemos confirmar que en el presente ya no hay influencia de esta magia. Tiene la Estrella, que es protección, y el Juicio con un ángel, que también la protege, ella se da cuenta. Tiene la Rueda, que es una carta de evolución. Sólo le queda la carta del Diablo, que puede ser el estrés por lo sucedido anteriormente, pero también es su instinto de supervivencia y su capacidad de mirar por ella y estar alerta. La carta de la Muerte en el pasado también nos puede indicar que ella pudo cortar con esa magia, en el pasado o a nivel inconsciente. El Diablo, que la hace estar alerta, es por lo que ella ha venido a la consulta.

Conclusiones

La carta del Loco nos habla de que la magia ha sido algo pasajero, que ahora brilla el Sol y todo está claro y ella está segura. Está estresada (Diablo) por lo vivido en el pasado y le está impidiendo fluir y estar tranquila (la Estrella está debajo del Diablo). Cualquier magia del pasado, con la Torre queda destruida, y con la Templanza ella puede estar tranquila, que todo fluye bien.

Podemos ver también que las dos cartas de conclusión que están detrás de ella, que serían las que nos hablan del pasado, nos indican esta situación difícil (Torre) pero pasajera (Loco). Las dos conclusiones del centro, que están encima de su cabeza, nos pueden hablar también de su presente mental, que está estresada (Diablo) y con esperanza (Estrella). Las dos conclusiones de delante de ella, que nos pueden hablar de su futuro, con el Sol y la Templanza nos indican que puede estar tranquila y confiada.

Tarot social

Es el que utilizamos para ver países, acontecimientos culturales o deportivos,
elecciones de un país, etc. Es el que influye a grupos y colectivos.
Este tipo de tarot nos permite ver tendencias globales.
En este capítulo analizaremos los temas de política y país y deportes.

Tarot social, política y país

> *El tarot social de política y país es el que nos permite*
> *ver elecciones, evolución general de un país, economía,*
> *ver a los dirigentes y el pueblo, etc.*

En estos casos, la codificación es muy importante. Muchas veces nos encontraremos que los personajes que debemos codificar son de la misma edad y sexo, entonces lo que deberemos hacer es codificarlos nosotros mientras barajamos.

Te darás cuenta de que en estos casos no miramos al consultante. En estas preguntas analizamos y miramos a nuestros candidatos, deportistas, dirigentes, etc.

Tarot social de un país/¿Quién ganará las elecciones?

En el caso de la política, pongamos el ejemplo de unas elecciones o para ver cómo está el país. Entonces, mientras barajamos deberemos pensar (codificar) en el arcano que puede representar a cada uno de los candidatos que se presentan. Por ejemplo, los candidatos más conservadores los codificamos con el Sumo Sacerdote o la Sacerdotisa, los más progresistas los podemos mirar con el Emperador o la Emperatriz, y los más minoritarios con el Carro y la Estrella. Yo recomiendo siempre mirar y codificar los tres candidatos que tienen más posibilidades de ganar, pero pueden mirarse todos.

En estos casos, podremos ver cuál de ellos está más activo y tiene mejor visión de la situación, cual está mejor rodeado, si alguno de ello está en conclusión, las alianzas y pactos, etc.

Tarot social elecciones

Candidatos más conservadores   Candidatos más progresistas   Candidatos de partidos minoritarios

Ejemplo de lectura para ver las elecciones de un país

Voy a poner el ejemplo de una lectura que hicimos en clase. Fernando, un alumno de Perú, el día 25 de mayo de 2021 nos preguntó por las elecciones de su país, que tenían que ser el 6 de junio del mismo año. En este caso había dos candidatos que estaban muy empatados en las encuestas, uno estaba al 51 % y el otro al 49 %. Los candidatos eran Keiko Fujimori, que codificamos con la Emperatriz, y Pedro Castillo, que codificamos con el Emperador. La pregunta era quién ganaría las elecciones. Codificamos el Sol como los votantes y la Justicia como temas legales referentes a las elecciones, claridad de contabilización. La lectura nos salió así:

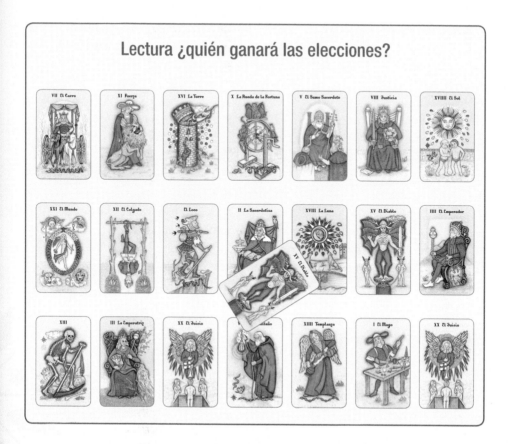

Lectura ¿quién ganará las elecciones?

En este caso analizamos ambos candidatos. Pero a simple vista ya vimos que el Emperador estaba mejor posicionado. Tenía una visión de la situación de un 100 %, estaba situado por encima de la otra candidata y las cartas que lo rodeaban eran mejores. La Emperatriz tenía una visión del 90 %, estaba más pasiva y las cartas que la rodeaban no eran tan buenas.

Candidata Keiko Fujimori/Emperatriz

Posición. La Emperatriz estaba en una situación pasiva, receptiva, reflexiva con una buena visión del panorama electoral.

Psicología y tendencia del resultado electoral. En su cabeza, el Colgado con el Loco nos indica que está pensando que algo no fue como se esperaba en las elecciones. Esta combinación nos puede hablar de dificultad de aceptar la situación. Cuando el Mundo en su pensamiento del pasado tenía el éxito. Delante tiene la carta del Juicio, que nos dice que se replantea lo sucedido, intenta comprender, pero con el Loco le cuesta. Detrás tiene la carta de la Muerte, que nos habla de algún cambio que ella no vio venir. La Muerte y el Mundo nos puede hablar del respaldo del exterior.

Diagonal de la Emperatriz. Iniciará (Loco) movimientos para ver la evolución de lo sucedido (Rueda), puede que vea circunstancias poco claras (Luna) respecto a los métodos (Mago) utilizados por el Emperador.

Candidato Pedro Castillo/Emperador

Posición. El Emperador estaba en la hilera del centro, con cierta tranquilidad (no puedo decir tranquilidad total porque delante tiene al Diablo) con una visión del 100 % que le permite ver todo lo que pasa a su alrededor.

Psicología y tendencia del resultado electoral. En su cabeza tiene el Sol, se siente brillante respecto a las valoraciones (Justicia) electorales. Recordemos que el Sol también lo hemos codificado como el pueblo que vota, él lo siente cerca. Debajo tiene a los Enamorados, está en un momento agradable, se siente querido y valorado por su trabajo o propuesta electoral (Mago). Delante tiene la carta del Diablo, que por un lado le da magnetismo y buena capacidad para seducir al electorado, pero que al estar en contacto con la Justicia, también puede haber picaresca en el recuento. El Diablo con el Mago también nos puede hablar de manipulación. Al estar al lado del Emperador, sería por parte de él y siendo consciente porque está delante.

Justicia/Temas legales de las elecciones

A un lado de la carta de la Justicia está la carta del Sumo Sacerdote, que representa a las personas responsables legales de las elecciones. Debajo tienen la Luna y el Diablo, por lo que puede que no fuesen del todo legales ni neutros. Al otro lado de la Justicia tenemos al Sol, que representa los votantes que están más cerca del Emperador que de la Emperatriz.

Votantes, pueblo/Sol

La carta del Sol está arriba y en conclusión, esto nos puede indicar un pueblo activo a la hora de votar, clave y decisivo. La Justicia nos indica que los votantes han valorado y analizado las distintas propuestas de los candidatos. Y estaban estresados por la poquísima diferencia que había en las encuestas. Al estar cerca del Emperador, nos dice que tuvo más votantes.[2]

Conclusiones

El Carro y el Sol nos indican que las elecciones fueron muy movidas y que los votantes (Sol) estuvieron activos y eran conscientes que decidían un nuevo cami-

---

2. Al final se acabó confirmando lo que habíamos visto en clase. Pedro Castillo ganó las elecciones.

no. Con la Sacerdotisa y la Estrella, una carta mayor y otra vieja, pueden ser las dos opciones que ofrecían cada uno de los candidatos: una para un país con nuevas esperanzas y nuevas maneras y otro más conservador. La Muerte y los Enamorados, nos indicaba que uno de los dos perdía, y con ellos se perdían las esperanzas de algunos.

Tarot social para ver la evolución del país en general

Estas preguntas generalmente tienen lugar a primeros de año, para ver las tendencias anuales. Igual que preguntamos y miramos nuestro año personal, a veces nos preguntan por el año del país. Otro momento en el que nos preguntan es después de unas elecciones para poder ver la legislatura, esta nueva etapa que se empieza.

Cuando miramos la evolución de un país, lo haremos observando las tendencias de un año. Miraremos los aspectos generales teniendo en cuenta las siguientes codificaciones:

- Mago: Empleo.
- Rueda: Dinero del país.
- Emperador/Emperatriz: Dependiendo de quién esté gobernando, uno representará a los dirigentes y el otro la oposición.
- Torre: Sector inmobiliario.
- Sacerdotisa: Políticas de estudios y universidades.
- Mundo: Relaciones internacionales.
- Sol: El pueblo.
- Carro: Carreteras, autopistas y trenes.
- Justicia: Leyes.

Ejemplo de lectura para ver las tendencias generales de España 2022

Ésta es otra de las lecturas que hicimos en clase el mes de junio de 2021, antes de cerrar el curso.

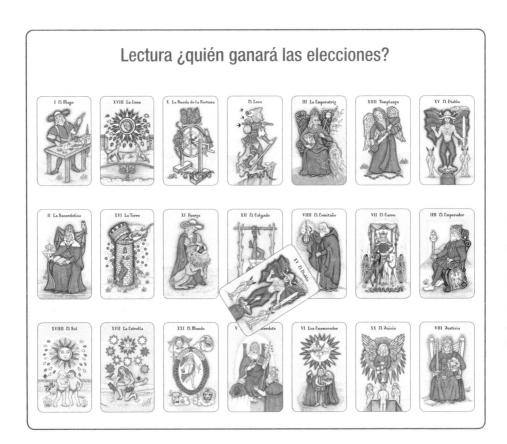

Partido que dirige del país/Emperador

Posición. Estará en una posición de cierta tranquilidad, con una actitud moderada. Con una muy buena visión del país, un 100%. Esto le permitirá poder ver las oportunidades y las dificultades.

Psicología, actitudes del partido. En su cabeza tiene el Diablo, la astucia, y el estrés que con la Templanza intentará mitigar, conversando e intentando dialogar con los demás. Debajo con la Justicia, intentarán ser justos y analizar las cosas y todos los temas profundamente (Juicio). Delante tiene el Carro, son conscientes de la necesidad de avanzar.

Partido de la oposición del país/Emperatriz

Posición. Estarán en una posición activa. Con poca visión de lo que acontece, pero siguiendo y mirando de cerca al partido que dirige el país (Emperador). Hacen una oposición activa.

Psicología, actitudes del partido. En su base tienen al Ermitaño, sus bases son conservadoras. El Ermitaño está iluminando el Colgado y la Muerte del pasado, nos habla de temas pendientes que necesitan, que han sufrido grandes cambios y que les generaron gran inestabilidad (Loco). Delante tiene la Templanza y el Carro, pueden tender a avanzar con unas tendencias un poco más moderadas.

Empleo/Mago

El tema del empleo en el país será importante, es la primera carta y está en conclusión. A un lado tiene la carta de la Luna, lo que indica que no estará muy claro, no habrá políticas que ayuden. Con la Torre al lado se seguirán destruyendo puestos de trabajo. La carta de la Sacerdotisa nos puede decir que intentarán políticas de estudios y reciclaje para poder ayudar a mejorar el empleo.

Dinero del país/Rueda

Se intentarán controlar las cuentas del Estado, pero no se conseguirá. A un lado tenemos las cartas de la Luna y la Torre, seguiremos teniendo déficit. Al otro lado con el Loco, el Colgado y la Muerte, las tendencias económicas serán inestables (Loco) con recortes (Muerte) y sacrificios (Colgado).

Sector inmobiliario/Torre

El sector inmobiliario se estabilizará (Sacerdotisa) y seguirá fuerte (Fuerza). En su base tenemos la Estrella y Sol, donde la gente protegerá e invertirá. La Rueda y el Mundo, que los extranjeros, invierten en inmuebles.

El pueblo/Sol

El pueblo será clave y decisivo, está en conclusión, pero poco activo, pues está en la hilera inferior. Con la Sacerdotisa al lado, nos indica que la gente estará bastante tranquila, soñando con sus cosas (Estrella). Atentos a los imprevistos (Torre) que puedan venir e intentando construir sus nuevas ilusiones. No será un año de grandes movilizaciones.

Políticas de estudios y universidades/Sacerdotisa

Pueden intentar ajustar los estudios a los empleos (Mago) para paliar la falta de personal cualificado en las empresas (Luna y Torre). Con el Sol y la Estrella se pueden hacer nuevos planes de estudios para los más pequeños.

Políticas de carreteras e infraestructuras/Carro

Podemos observar que éste sí será un objetivo prioritario, pues los dirigentes y la oposición los tienen en su punto de mira. La Templanza y el Diablo nos indican que invertirán intentando controlar el gasto excesivo. El Ermitaño nos dice que algunos de estos planes tendrán que retrasarse. Con el Juicio, la Justicia y los Enamorados, nos dice que pensarán, analizarán y hablarán de estos temas para poder tomar decisiones al respecto.

Leyes y temas legales/Justicia

Este año se harán leyes que serán importantes y decisivas para el país. La carta de la Justicia está en conclusión. Se plantearán (Juicio) nuevas leyes, resucitarán viejas leyes que el Gobierno (Emperador) intentará que progresen y se acepten (Carro).

Relaciones internacionales/Mundo

Cuando observamos las cartas más importantes, las que tocan más, vemos que todas son buenas. La Estrella nos indica que serán fluidas, la Fuerza que todo estará controlado, serán relaciones fuertes y seguras. Con el Sumo Sacerdote, las cosas estarán tranquilas. En este caso, el Sumo Sacerdote nos puede hablar de dirigentes extranjeros que miraran hacia otra parte porque encima de ellos está la Muerte y Colgado, tienen estar pendientes (Colgado) de grandes cambios (Muerte). Estos grandes cambios nos repercuten a todos, pues están en el centro. Las relaciones en general serán buenas, pero habrá causas externas (Torre, Colgado y Diablo) que tensionaran.

Conclusiones

Las políticas de empleo serán importantes y estarán complicadas (Diablo). Estaremos pendientes de grandes cambios (Colgado y Muerte). Puede haber leyes favorables a la gente (Justicia y Sol). Y de cara al verano (Sol) las cosas se pueden equilibrar (Justicia).

Tarot social, deportes

> *Dentro del tarot social, el tema de los deportes es muy importante. ¿Quién no ha mirado alguna vez quién ganará? Otras veces podemos mirar la evolución de un club. Otras podemos mirar qué países tendrán más medallas en las Olimpiadas, etc.*

Si miramos deportes, deberemos tener en cuenta si es individual (natación, atletismo, etc.) o colectivo (fútbol, baloncesto, etc.).

Individual: Contra uno: Codificaremos a nuestros contrincantes de uno en uno. Por ejemplo, uno será el Carro y el otro el Emperador. Contra muchos: Entonces solamente podremos codificar a aquéllos por los que nos pregunten o los favoritos.

Colectivo o grupal: Aquí no podemos poner una carta para cada uno de los jugadores. Entonces lo que hacemos es que una carta (Emperador) representa a un equipo entero y otra carta representa al otro equipo (Carro).

Club o centro deportivo: En este caso, el Sumo Sacerdote o la Sacerdotisa representarán al presidente, el Emperador o Emperatriz al entrenador y la Estrella, el Carro y el Sol a los jugadores. El Carro también puede hacer referencia al portero si lo hay.

Tarot social de un club deportivo

Presidente

Entrenador

Jugadores

Jugador
o portero

Ejemplo de lectura para ver la evolución del Fútbol Club Barcelona

Hicimos la lectura cuando Leo Messi acababa de dejar el club y querían saber cómo le iría al Fútbol Club Barcelona en esta nueva etapa. Codificamos al presidente Laporta como Sumo Sacerdote, al entrenador como el Emperador y a los jugadores como el Sol.

Lectura ¿cómo le irá al Fútbol Club Barcelona?

Presidente del Barça/Sumo Sacerdote

Posición. El Sumo Sacerdote está en conclusión, es clave y decisivo. Se encuentra en la hilera del centro, intenta tomarse las cosas con calma. Tiene una perspectiva del 50%, tiene una visión correcta de lo que pasa en su entorno. Al estar en el centro, pero en la segunda hilera, nos indica que se encuentra en el centro de todo, que todo le cae encima. Dentro de su campo de visión, ve a los jugadores (Sol), aunque no está mirando al entrenador. Ambos están juntos, se apoyan, pero no se miran, puede indicarnos que no se comunican o no se entienden.

Psicología, evolución de su dirección frente al Barça. Encima de la cabeza tiene la Sacerdotisa, él ya tiene experiencia, ya estuvo dirigiendo el club en otra etapa. En el pasado era dialogante y flexible, de cara al futuro, con los Enamorados, su pensamiento es armonizar, implicarse, hacer que todo sea más fácil y disfrutar. Debajo tiene el Colgado, que son los sacrificios que tuvo que hacer en esos momentos, la Torre y el Carro nos pueden hablar del peso y la importancia de la marcha de Leo Messi. La Emperatriz con el Loco nos puede indicar que tiene alguna idea creativa para poder salir adelante.

Entrenador del Barça/Emperador

Posición. Está en la hilera del centro, se toma las cosas con calma. Tiene poca perspectiva de lo que pasa a su alrededor y en su campo de visión no están ni los jugadores ni el presidente. En su campo de visión sí que está el dinero (Rueda), su trabajo (Mago) y sus ilusiones y esperanzas (Estrella).

Psicología. En su mente tiene a la Sacerdotisa, con experiencia, es dialogante y flexible (Templanza) y se tomará las cosas con calma (Ermitaño). Debajo tiene el Colgado y la Rueda, puede que tenga algún tema económico pendiente. La Torre, el Sumo Sacerdote y el Carro indican que comparte con el presidente la inquietud de la marcha de Leo Messi. Delante, con la carta del Juicio, puede que llegue a replantearse si seguir o no en el Barça.

Jugadores/Sol

Los jugadores son claves y decisivos, están en conclusión. Al lado tienen la carta del Diablo, podrán estresarse, pero también encontrarán su propio equilibrio (Justicia) y podrán controlar las complicaciones. La Justicia y el Mundo nos indican que si no se dejan llevar por el estrés podrán conseguir algún título importante.

Conclusiones

La Estrella y la Fuerza nos indican que seguirán teniendo esperanza y suerte. Seguirán siendo fuertes. El presidente, Sumo Sacerdote, con el Carro sabrá dirigir e impulso del Barça. Que harán un buen trabajo (Mago) esta temporada con éxitos (Sol), gracias a los jugadores (Sol).

Recomendaciones

Yo siempre digo que una buena consulta de tarot es arte.
Además del conocimiento, método e intuición, la gestión
es muy importante para una consulta exitosa. A continuación,
tienes algunos consejos para realizar una buena lectura de tarot.

Te explico las fases de la consulta, un centramiento para que puedas utilizarlo
antes de empezar una sesión, consejos para barajar y los 4 niveles
o miradas de la interpretación.

Recomendaciones generales para una buena lectura

┼┼

$\mathcal{P}$ara que una lectura sea exitosa y fácil, hay algunos puntos a tener en cuenta que son casi imprescindibles y otros que son aconsejables. A continuación, explicaré aquéllos que creo que son importantes. Te animo a probarlos y ver si te funcionan. Como en todo, no hay verdades absolutas, yo pongo mis años de experiencia a tu alcance y te explico lo que a mí me va bien y lo que enseño en mis cursos.

Antes de la consulta

Para hacer una buena consulta es importante que todo esté dispuesto. Te recomiendo que prepares tu espacio y te prepares tú. Hazlo con conciencia, así te vas organizando interiormente.

Limpieza: Tanto si es *online* como presencial, mira que todo esté ordenado y limpio. A la vez que vas ordenando y limpiando el espacio, ordena y suelta todo aquello que te vaya viniendo a la cabeza para prepararte para la consulta. Vacíate. Si empiezas la consulta con tus cosas en mente, no podrás estar por los temas de los demás.

Pon atención a la energía de la sala, si notas que está cargada energéticamente y hace falta, puedes pasar un poco de salvia, incienso, copal, etc.

Tarot: Ten tu tarot o tarots preparados. Repasa que estén todas las cartas y que todas estén colocadas del derecho. En la lectura de las 22 cartas trabajaremos sólo con arcanos mayores y los utilizamos sólo del derecho. Leemos las cartas en positivo o negativo, en función de las cartas que acompañan. Si una carta saliese del revés, sin problema le damos la vuelta. Es mejor que esto no suceda, porque nuestro consultante puede pensar que hay algo que no estamos haciendo bien.

Mientras vas repasando tu tarot, le das las gracias por las respuestas que te da y vas conectando con él. Pide poder estar fluido, conectado, acertado y con capacidad para poder interpretar de la mejor manera. Recuerdas que estás preparado y formado.

Mesa de tarotista: Te recomiendo que tengas un reloj que puedas ver bien sin que el consultante lo vea. Queda feo que estés mirando la hora. Pero es importante que puedas controlar el tiempo. Si la consulta es presencial, una caja de pañuelos te puede ser útil, hay consultantes que vienen con problemas importantes y no es bueno que los dejemos solos para ir a buscar pañuelos. Si lo deseas, puedes ponerte una vela, etc. Asegúrate de tener todo lo necesario.

Centramiento o meditación: Una vez que lo tienes todo preparado y has conectado también con tu interior, antes de que llegue el consultante te recomiendo hacer un centramiento. Te servirá para acabar de vaciarte, protegerte y estar fluido. A continuación, te dejo el centramiento que yo hago y que hacemos en las clases antes de empezar a interpretar:

Centramiento «4 puntos»

- Tomar conciencia de AQUÍ Y AHORA.
  Nos centramos en nuestra respiración… Notamos como el aire va entrando y saliendo… Vamos conectando con nuestro interior. Hacemos un «aquí y ahora»… «Estoy aquí, éste es un espacio para mí».

- Momento de vaciado de todo lo que traemos y llevamos encima.
  Vamos a haciendo unas espiraciones profundas… «Respiramos profundamente y en las espiraciones vamos soltando todo aquello que traemos…». Soltamos todo aquello que hemos ido cargando a lo largo del día… Aquellos pensamientos que nos van viniendo… Si tenemos alguna inquietud también la vamos soltando.

- Recordamos los puntos importantes de una lectura: el método, la sabiduría, la intuición…
  Ponemos atención a nuestro cuerpo:

  Las piernas representan todo lo que hemos aprendido, todo lo que hemos leído, todo lo que conforma nuestro método, que nos permite hacer buenas interpretaciones. «Confío en mis conocimientos de tarot, confío en mi manera de interpretar».

  La espalda, que está recta hacia arriba, representa la sabiduría, la sabiduría que viene de fuera y la sabiduría que tenemos dentro. «Confío en mis sensaciones, confío en mi sabiduría interior».

El punto que tenemos entre las cejas es donde reside nuestra intuición, que todos tenemos, y que debemos que tener abierta y dejar fluir. «Confío en mi intuición y estoy abierto a las señales».

Las manos, que están descansando encima de mis rodillas, nos recuerdan la importancia de estos momentos de calma. Para poder tener una buena presencia y actitud en la consulta.

- Protección.

  Es importante que nos protejamos para evitar que la energía se nos «escape» y para evitar implicarnos demasiado, porque si esto sucede no podremos orientar y aconsejar.

  Visualizamos que estamos dentro de una pirámide o un círculo… Visualizaremos que este círculo o pirámide se van cubriendo de color lila o dorado y que esta luz va bajando y va cubriendo la figura geométrica y a nosotros totalmente. Esto nos protege, nos sentimos protegidos, estamos protegidos.

- Recordamos los temas de actitud.

  Recordamos la importancia de tener una actitud de escucha, de entrega, de respeto hacia los otros. Recordamos la confidencialidad y el no juzgar.

- Ya podremos ir abriendo los ojos sin perder la actitud. Ya estaremos listos para la consulta. Con este centramiento abrimos la consulta.

Durante la consulta

Este primer momento es muy importante porque generalmente la gente viene con un poco de tensión. Y nuestra misión es tranquilizar al consultante y darle seguridad. Cuanto más tranquilo esté mejor fluiremos.

En esta fase nos presentamos y deberemos hacer que la persona se sienta a gusto y cómoda. Cuanto más cómodo esté nuestro consultante, más abierto estará y mejor fluiremos.

Le explicaremos el funcionamiento y cómo se desarrollará la consulta. *«Empezaremos con una consulta general, en la que sin que tú me digas nada, miraremos cómo estás, las tendencias generales y lo que va a ser importante a lo largo de este año. Y después iremos profundizando en todos aquellos temas que veamos importantes y los que además tú desees. Vamos a empezar».*

Interiormente, en este momento «abriremos» la consulta, en la cual, mientras barajamos, vamos a pedir estar fluidos, concentrados y hacer bien nuestro trabajo para poder orientar bien a nuestro consultante. Aquí te recomendamos que digas en voz alta una frase y mientras la dices tú interiormente pides estar fluida. Es bueno que cada uno tenga su frase, nosotros os ponemos un ejemplo. En voz alta decimos «*Vamos a pedir que estemos fluidos, que podamos ver las cosas claras y sacar el máximo partido de la consulta*». Otras personas prefieren una oración, cada uno deberá encontrar el mecanismo que le permita «abrir» la consulta.

Parecen muchas cosas, pero una vez integrados estos pasos, es cuestión de pocos minutos el estar a punto para empezar.

Fase de conexión

Es una más importantes. Después de muchos años, yo todavía siento cierta tensión hasta que no la he pasado. Cuando llegamos a este punto, seremos conscientes de la facilidad o dificultad de la consulta.

Exteriormente: No empezaremos una consulta mirando solamente el futuro. Debemos empezar mirando el pasado o presente de la persona y sus tendencias futuras. Así vemos que hemos conectado y nos ganamos la confianza del consultante, que se «abrirá» porque verá que está en buenas manos.

Lo haremos con una lectura general en la que, sin que el consultante nos diga nada, deberemos ver: cómo está anímica y psicológicamente, su salud, el trabajo (si tiene o no y cómo le va), el dinero, temas legales, sentimientos (si tiene pareja o no y cómo está), temas familiares y si hay algún otro tema importante. Esto es una radiografía general que nos permitirá saber qué es lo que trae nuestro consultante, priorizar los temas y empezar después a analizar cada uno de ellos en profundidad y ver las tendencias.

Interiormente: Deberemos estar concentrados al máximo, conectar con nuestro interior para dejar fluir la intuición. Es muy importante que también escuchemos nuestro cuerpo, nuestra respiración, nuestros movimientos porque nos darán señales.

Fase de desarrollo

Ésta es una fase bastante cómoda. En la que ampliaremos y desarrollaremos cada uno de los temas que hemos visto en la lectura general. Buscaremos el máximo de información y las tendencias futuras, advertiremos de las posibles dificultades y buscaremos salidas. Potenciaremos las facilidades para sacarle el máximo partido.

En esta fase, en la que iremos profundizando en todos los temas, es muy importante que las preguntas sean claras. Y que hagamos una buena codificación. Si es así, la interpretación será fácil.

Fase de conclusión

Ésta es ya la última parte.

Exteriormente: En esta fase hacemos un resumen de lo más importante y damos los últimos consejos. Nos despedimos del consultante cordialmente. A mí me gusta terminar con una carta a modo de consejo general.

Interiormente: «Cerramos» la consulta agradeciendo haber hecho una buena interpretación, a la vez que barajamos las cartas y cerramos energéticamente. De esta manera damos por terminada la consulta. «Cerramos» la lectura barajando y dejamos las cartas ya listas para otra consulta.

Es importante «cerrar» la consulta. Que la cerremos mentalmente significa que ya no vamos a pensar más en el tema, y si nos viene algo a la mente, lo alejaremos. Cerramos emocionalmente, en las consultas se mueven muchas cosas. Y cerramos físicamente, soltamos todo aquello que sintamos en el cuerpo. Damos por cerrada la consulta. Es importante hacerlo porque si no, vamos cargando con cosas que no son nuestras y nos pueden acabar afectando.

Después de la consulta

Una vez que hayamos terminado la sesión física u *online,* nos aseguraremos de que hemos cerrado la consulta física, mental y emocionalmente. Volveremos a barajar nuestras cartas o a ordenarlas numéricamente, cómo tú prefieras dejarlas preparadas para la siguiente consulta o para cuando las necesites.

Después de una consulta, recomiendo abrir y ventilar la habitación, aunque sea unos minutos. Salir de la sala, movernos un poco, beber agua, ir al baño, etc. Eso nos ayuda a despejarnos y a acabar de cerrar la sesión.

Si notamos que la sala o nosotros nos hemos quedado cargados, un poco de salvia, palo santo, copal, etc., nos puede ir muy bien.

Barajar y codificar

Barajar es importante, pero si estás leyendo este libro, seguro que éste es un tema que ya sabes porque lees las cartas o eres tarotista. Recordemos que mientras barajamos debemos estar bien conectados, pensando en la pregunta.

Cada consulta es diferente, y por eso no podemos hacer siempre lo mismo. Somos tarotistas y debemos escuchar nuestro interior. En función de lo que notemos y sintamos, haremos que nuestro consultante baraje y corte, otras veces sentiremos que es mejor que ni baraje ni corte. Este punto lo dejo a cada uno de vosotros.

La lectura de las 22 cartas es abierta, no hay posiciones determinadas que nos hablen ni del pasado ni del dinero, etc. Las posiciones vienen dadas por las cartas que codificamos, a las que damos un significado específico. Por ejemplo: el trabajo lo codificaremos como el Mago, el dinero como la Rueda, los temas legales como la Justicia, etc. Por eso cuando estamos barajando es importante que pensemos en la codificación de las cartas. Que tengamos claro qué temas miraremos y con qué cartas los codificaremos.

Las cuatro miradas de la interpretación

Una buena interpretación de una lectura de tarot, aunque parezca una cosa sencilla, es compleja e intervienen muchos factores. Si tenemos en cuenta estas cuatro miradas podremos realizar buenas interpretaciones, amplias y ricas en matices. Es la diferencia entre hacer una lectura correcta y hacer una buena lectura. A continuación, voy a detallar las cuatro miradas en la interpretación de una lectura de tarot.

- La mirada concreta.
- La mirada abierta.
- La mirada global.
- La mirada desenfocada.

La mirada concreta

Es la más metódica y la más teórica. Es aquella primera interpretación que realizamos. Interpretamos el significado de una carta en una posición determinada.

Por ejemplo, Mago y las cartas que lo rodean nos hablan de su trabajo.

La mirada abierta

Es la que está más conectada a las sensaciones. Es aquella interpretación en la que leemos una carta, pero teniendo en cuenta las cartas que tiene al lado.

Por ejemplo, la carta del Carro, teniendo en cuenta las cartas que la acompañan. No es lo mismo tener la carta del Carro con la Luna que tener el Carro con el Sol a su lado.

La mirada global

También está conectada con las sensaciones. Pero en este caso observamos la lectura en general y vemos si hay algún elemento que se repite.

Por ejemplo, además de interpretar el Carro, podemos ver que a su lado hay cartas de principio y de final, cartas sentadas, cartas con agua, cartas de personajes mayores, etc.

La mirada desenfocada

Es más intuitiva. Es aquella mirada que nosotros no controlamos, no sabemos por qué, pero los ojos se nos van hacia una o unas determinadas cartas. O notamos que hay alguna que nos llama la atención. Para practicar esta mirada va muy bien ponerse delante de la lectura con la mente en blanco, hacer unas respiraciones y desenfocar la vista observando la lectura.

Y para terminar...

Despedida

+++

*E*spero que esta lectura te haya cautivado tanto como a mí. A lo largo de este libro he intentado explicarte por un lado las 4 técnicas de la lectura de las 22 cartas y por otro, ejemplos que te permitiesen ver el funcionamiento práctico de esta lectura.

Como habrás visto, he tratado diferentes temas, algunos clásicos como amor, dinero y trabajo, pero otros bien diferentes como homosexualidad, lecturas del más allá, etc. Son temas que los tiempos y los consultantes van pidiendo porque el mundo va cambiando y las preguntas también. Si hace 23 años los temas evolutivos, espirituales, eran temas que nadie pedía, en los últimos 10 años son temas que cada vez se piden más.

Ahora que ya conoces el funcionamiento y la práctica de esta lectura, te toca practicar para poder experimentarla, comprobarla y hacerla un poco tuya. Te animo a hacer tus propias lecturas, utilízala en tus consultas, verás la gran cantidad de información que podrás obtener. Esta lectura te permite responder a cualquier tipo de pregunta, sólo tienes que buscar la codificación y seguir las técnicas. Al utilizar los 22 arcanos, siempre hay alguna carta que nos habla, de donde sacar información, es muy difícil quedarnos en blanco.

Yo te recomiendo al principio escribir alguna de tus lecturas, esto te ayudará a poner orden y concretar. Te reforzará el método y poco a poco verás como vas fluyendo cada vez más y mejor. Además, te darás cuenta como tu intuición se agudiza.

Quiero agradecerte que te hayas interesado por esta lectura, para mí es muy importante, es el legado familiar que quería compartir.

Me despido feliz y deseando que sigas disfrutando de esta lectura tanto como yo lo hago.

Acerca de la autora

M.ª del Mar Tort i Casals (1966) es fundadora y directora de la Escola Mariló Casals desde el año 2000, escuela que es referente en los ámbitos cómo el tarot y la astrología por su metodología propia, sus valores y por un proceso de formación que permite el desarrollo de sus alumnos como profesionales.

En el 2006 puso en marcha la escuela *online,* en la que se han formado más de 7000 alumnos. Desde el 2020, la escuela *online* incorpora un amplio abanico de cursos en versión videoconferencia (Zoom), que permiten trabajar semanalmente, en grupos y en directo con las profesoras desde cualquier parte del mundo.

Es autora de los *libros Manual de interpretación del tarot, Manual de interpretación del tarot con los 78 arcanos* y de la libreta de lecturas que los acompañan. Es también la creadora del *Tarot de las sensaciones.* Y, desde el 2019, de las *Agendas del tarot* publicados todos en Ediciones Obelisco.

La divulgación es una de sus grandes pasiones y es la creadora principal del contenido del canal YouTube «Escola Mariló Casals», con más de 7 millones de visualizaciones y más de 70 000 suscriptores. También en Instagram cuenta con un perfil de más de 20 000 seguidores y en TikTok con más de 10 000, desde donde interactúa semanalmente con sus charlas de tarot y astrología.

Es redactora, divulgadora e impulsora del Código Ético del Tarot y del 1.er Manifiesto de Tarot.

Madrina de la Red Internacional de Congresos de Tarot, con presencia en más de 9 países de habla hispana y directora del Congreso Internacional de Tarot de Barcelona, España.

Ha sido ponente en congresos de tarot y astrología en distintos países de habla hispana.

Y también ha sido organizadora del Congreso Ibérico de Astrología en 2011 y 2015. Es miembro de la SEA (Sociedad Española de Astrólogos) y de la UILA (Universidad Internacional Libre de Astrología).

Es coautora del libro *Astropredicciones 2017,* publicado por Editorial Lucem, de *Casas astrológicas* de la UILA.

También es terapeuta Gestalt, formación que realizó del 2012 al 2016.

Redes sociales

Facebook: @mmartortcasals (búscame en mi página profesional)
Instagram: @mmartortcasals   @escolamarilocasals
Pinterest: @mmartortcasals   @EsMariloCasals
Tik Tok: @mmartortcasals   @EscolaMariloCasals
Etsy: @EscolaMariloCasals

Si deseas aprender contenidos y más lecturas:
YouTube «escolamarilocasals» ¡Más de 70 000 personas nos siguen!
Web: www.escolamarilocasals.com

Si deseas información del Congreso de Tarot:
    www.congresotarot.com
    www.redinternacionalcongresosdetarot.com

Si deseas adherirte al Código Ético del Tarot:
    www.eticaytarot.com

Si deseas comprar nuestros productos:
    www.escolamarilocasals.com/categoria-producto/tienda/

Índice